CHRISTINE DE BOISMARMIN
MADELEINE DELBRÊL

Christine de Boismarmin

Madeleine Delbrêl

Mystikerin der Straße

VERLAG NEUE STADT
MÜNCHEN • ZÜRICH • WIEN

Aus der Reihe: Zeugen unserer Zeit

Titel der Originalausgabe:
Madeleine Delbrêl. Rues des villes chemins de Dieu
© 1985 Nouvelle Cité, Paris
Übersetzung aus dem Französischen:
Mathilde Wieman und Stefan Liesenfeld

Die Deutsche Bibliothek – CIP-Einheitsaufnahme

Boismarmin, Christine de:
Madeleine Delbrêl : Mystikerin der Straße /
Christine de Boismarmin.
[Übers. aus dem Franz.: Mathilde Wieman ...]
– 2., neu bearb. Aufl. – München ; Zürich ; Wien :
Verl. Neue Stadt, 1996
(Aus der Reihe Zeugen unserer Zeit)
ISBN 3-87996-340-1

2., neu bearbeitete Auflage 1996

Umschlagfoto: Gemeinschaft von Madeleine Delbrêl
Umschlaggestaltung und Satz: Neue-Stadt-Graphik
Druck: MZ-Verlagsdruckerei, Memmingen
ISBN 3-87996-340-1

Vorwort

Ich lernte Madeleine Delbrêl 1942 kennen. Wir waren etwa gleich alt, sie war 38, ich 34. Aber während sie schon mehr als neun Jahre in der Arbeiterwelt von Ivry bei Paris gelebt hatte, war ich erst seit ein paar Monaten unter den in armseligen Verhältnissen lebenden Hafenarbeitern von Marseille.

Neun Jahre – und was für Jahre! – hatte sie mir voraus: in Spanien der Bürgerkrieg mit seinen Friedhöfen „für Gott und für den Teufel“, nach einem Wort von Hemingway; in Frankreich der Juni 1936 und die Volksfront, der bezahlte Urlaub und die 40-Stunden-Woche; im September 1939 der Beginn des Zweiten Weltkriegs. Für Madeleine neun Jahre persönlicher Erfahrungen in einer schweren Zeit, eine Schule des Lebens in einer kleinen Gemeinschaft, die das „gewöhnliche Leben der einfachen Leute“ teilte. Das hatte Madeleine geprägt, und da sie zugleich eine außergewöhnliche schriftstellerische Gabe hatte, wurde sie für mich wie eine ältere Schwester, eine Pionierin auf neuen Wegen.

Was uns – die beiden Freunde, die mich nach Ivry begleiteten, und mich selber – vor allem anzog, waren die Freude und Spontaneität, mit der Madeleine und ihre zwei oder drei Gefährtinnen uns empfingen. Ihr gütiger und klarer Blick erinnerte unwillkürlich an die heilige Klara und die ersten Franziskaner. Es entstand eine Freundschaft, die sich vertiefen sollte – nicht nur zwischen Madeleine und mir, sondern zwischen den beiden Gruppen von Marseille und Ivry. Jede blieb vollkommen unabhängig, doch jede konnte auf die andere zählen. In den folgenden

22 Jahren haben wir immer Kontakt miteinander gehalten. Madeleine teilte mir diesen oder jenen Gedanken mit, der sie beschäftigte, das eine oder andere, was sie gerade geschrieben hatte. Ich bat sie, die Manuskripte meiner ersten Bücher zu lesen. Mit ihrer leichten und festen Hand strich sie, was unnötig verletzen konnte.

Madeleines Tod hat dieser Verbindung kein Ende gesetzt, sie wurde im Gegenteil noch vertieft. Durch die Veröffentlichung ihrer Bücher, die Entdeckung ihrer persönlichen Aufzeichnungen, die noch engere Verbindung mit ihren Lebensgefährtinnen und die weitere Entwicklung unserer Arbeit kam uns Madeleine noch näher und wurde noch lebendiger. Nachdem ich sie und ihre Gedanken kennengelernt hatte, wurde sie für mich zum Vorbild.

In der schwierigen Zeit nach dem Konzil war mir, als ob Madeleine mir immer wieder sagte, was der Glaube sei. Nicht der Glaube der Bücher oder derer, für die es nichts Neues mehr zu geben scheint, ja nicht einmal der Glaube in den Prüfungen des Lebens. „Der Glaube ist eine Wirklichkeit. Wir machen daraus eine Abstraktion … Der Glaube ist die Wissenschaft des Wirklichen, das uns übersteigt." Madeleine erinnerte mich daran, daß der Glaube, obwohl er der Welt fremd ist, der Welt gegeben wurde. Wenn er keine Wirkung zu haben scheint, so deshalb, weil er gelebt werden muß und weil wir ihn mit einer bloßen „christlichen Gesinnung" oder mit dem „gesunden Menschenverstand" verwechseln. Der Glaube, der wahre Glaube, hält stand, und dann kann selbst die atheistische Welt zu einem guten Nährboden für unsere eigene Bekehrung werden.

Lichtvoll war für mich ferner eine wichtige Unterscheidung, die Madeleine aus ihrem Gespür für den Glauben immer wieder hervorhob: die Unterscheidung zwischen den Erfordernissen der Anpassung an die Umwelt und der unveränderlichen Gewißheit des Heilswirkens Gottes. Diese Unterscheidung, die Madeleine im Blick auf den Marxismus erarbeitet hatte, betrifft alle Christen, die in einer neuen Umgebung das Evangelium verkünden möchten.

Das „Staunen“ über eine neue Umgebung ergibt sich ganz von selbst, wenn sich jemand mit ganzem Herzen daran macht, die Botschaft der Liebe dorthin zu bringen. Etwas ganz anderes wäre es, sich beirren zu lassen, sich „anzupassen“ an diese Welt: Da liegt „die Schlinge“, die spezifische Versuchung des Apostolats. Jesus ist nicht gekommen, um zu verurteilen, sondern um eine geschlagene Menschheit zu erlösen. Und wenn er heute Verkünder des Evangeliums aussendet, so will er dieses Heil wirken, das im wahren Sinne eine Heilung ist.

Es gäbe noch viel zu sagen über Madeleines Einsichten, die ihrer Zeit weit voraus waren. Ich nenne nur zwei der Extreme:
– ihre kirchliche Gesinnung: „Ich möchte das Wort Kirche so oft über alle Zeilen schreiben, wie ich das Wort Gott schreibe“;
– die Entdeckung des Wertes kleiner Gemeinschaften im Geist des Evangeliums; sie sind gleichsam Keimzellen des Reiches Gottes in diesem Leben.

Solche und viele andere Wahrheiten zeigt uns Christine de Boismarmin anhand des Lebens von Madeleine in ihrem Zusammenhang, in ihrer inneren Logik. Es handelt sich nicht um vereinzelte Momentaufnahmen, sondern es geht um ein kostbares inneres Licht, das über die damaligen Umstände hinausführt. Beim Lesen dieses Buches habe ich etwas verstanden, was ich zuvor bei Madeleine Delbrêl noch nicht entdeckt hatte und was mir der Schlüssel zu ihrem Wesen zu sein scheint: ein Schlüssel, der nicht nur Grund zur Bewunderung gibt, sondern der unser eigenes Leben leiten soll.

Was für ein Schlüssel ist das? – Madeleine Delbrêl ist ein *freier* Mensch, wie sie 20 Jahre nach ihrem Tod vor mir steht, diese unvergleichliche, ja nirgends einzuordnende Freundin. Nirgends einzuordnen, eben weil sie frei ist. Frei, das heißt, sie paßt in keine der Kategorien, in die wir geneigt sein könnten, sie einzuordnen.

Konformistin? Auf keinen Fall! Aber noch weiter entfernt vom Nonkonformismus – präsentiere er sich noch so diskret, und schon gar nicht, wenn er zum System erhoben ist. Links? Sie, die den Kommunisten von Ivry so nahestand, als das Schlagwort vom „neuen Morgen“ noch kaum in der Öffentlichkeit verbreitet war, aber von Menschen gelebt wurde, die jeden Tag ihres Lebens für eine bessere Zukunft einsetzten? Ja, aber fähig, schon im Ansatz das Übel herauszuspüren, das großmütige Initiativen in eine Ideologie verkehren und zwiespältige Haltungen hervorbringen kann, und zwar lange bevor der Archipel Gulag von Solschenizyn aufgedeckt wurde. Ebenso fähig, ihre Ablehnung und die Gründe dafür ihren Freunden der Partei ins Gesicht zu sagen, ohne deshalb von ihnen fallengelassen zu werden.

Madeleine war eine überzeugte Christin, und sie legte Wert darauf, Laie zu sein, aber mit dem Anspruch, das Recht – und die Pflicht – jedes Getauften auszuüben: Gott auf einzigartige Weise, bedingungslos und über alle menschlichen Grenzen hinweg zu lieben, diese Liebe überall zu leben und so selbst die Untergrundbahnhöfe gleichsam in eine Klausur zu verwandeln.

Für den unvoreingenommenen Leser, der Madeleine nicht in vorgefertigte geistige oder sonstige Kategorien zwängt – gestrig oder zukunftsweisend, vor- oder nachkonziliar – wird Madeleines Freiheit auf jeder Seite spürbar werden. Christine de Boismarmin war darauf bedacht, nichts von sich selbst einzubringen und nur das wiederzugeben, was sie und ihre Freundinnen während ihrer zwanzig Jahre gemeinsamen Lebens mit Madeleine von ihr gesehen, gehört und gelesen haben.

Madeleines Freiheit kommt zum Tragen *in* ihrer Arbeit, mitten im Alltag, ob sie Stunden am Telefon verbringt, auf den verspäteten Omnibus wartet oder sich für mehr Gerechtigkeit engagiert. Wer sich unvoreingenommen von den Worten Madeleines durchdringen läßt, wer bereit ist, sich einzusetzen, und sich nicht von den Tagesmeinungen beeindrucken läßt, dem wird ein einfacher, wegweisender Schlüssel gegeben, der ihm das Geheimnis ihrer Freiheit erschließen kann. Und vielleicht vermag er auch unser eigenes Herz für die Freiheit Gottes zu öffnen.

Die Offenbarung spricht von dem „neuen“, geheimnisvollen „Namen“, der dem verliehen wird, der bis ans Ende gekämpft und gesiegt hat. Es wird uns gesagt, daß niemand ihn kennt außer dem, der ihn erhält! Dieser Name ist das Sinnbild der inneren Erneuerung des Christen, der Name seines wahren Seins vor dem Angesicht Gottes. Zuweilen können wir ihn ein wenig erahnen. Etwas von diesem „neuen Namen“ Madeleine Delbrêls wird uns hier enthüllt. Über ihre Person hinaus richtet er sich an die ganze Kirche.

Jacques Loew

Zur Einführung

Als Madeleine Delbrêl im Jahre 1964 starb, war sie in Frankreich bereits nicht mehr gänzlich unbekannt. Manche Sozialarbeiterinnen erinnerten sich an von ihr verfaßte Schriften, in einigen christlichen Kreisen kannte man sie besser. Die ehemaligen Erzbischöfe von Paris schätzten sie sehr. Aber selbst wenn man alle Bekannten und Freunde, die sie auf Empfehlung des einen oder anderen besucht hatten, hinzurechnet, war es doch nur ein relativ kleiner Kreis.

In Ivry, dem Ort ihres Wirkens, bewahrte man sowohl auf dem kommunistischen Bürgermeisteramt, wo sie gearbeitet hatte, als auch unter den „Leuten von der Straße" ein bleibendes Andenken an sie; viele fühlten sich ihr in tiefer Freundschaft verbunden. Die Gemeinschaft, die sie beseelt hatte und die seit ihrem Tod den Namen „Gruppen von Madeleine Delbrêl" trägt, hat ihren Sitz noch immer in dem Familienhaus, Rue Raspail Nr. 11 in Ivry, und hat sich dort wie anderswo den gleichen Zielen verschrieben. Doch Ivry ist nicht Frankreich. Madeleine Delbrêls Name fand zu jener Zeit über die Grenzen der Stadt hinaus, in der sie gelebt hatte, kaum ein Echo.

Inzwischen ist ihr Name in vieler Munde; sie wird häufig zitiert, ein Tonfilm stellt ihr Leben dar. Im Rundfunk spricht man über sie, Bischöfe zitieren sie. An ihrem zwanzigsten Todestag war die Kirche Saint-Dominique in Paris dicht gefüllt, und Kardinal Lustiger verlas während des Gottesdienstes eine Botschaft von Papst Johannes Paul II.

Ihre Bücher, die nach ihrem Tod veröffentlicht wurden, mußten mehrfach neu aufgelegt werden und wurden in andere Sprachen übersetzt.[1] Christen der verschiedensten Richtungen berufen sich auf sie, geistliche Gemeinschaften nehmen sich ihr Leben zum Vorbild. Organisationen nennen sich nach ihr, Studenten aus Kanada, Amerika, Italien, Belgien und Deutschland schrieben Dissertationen über sie.

Aus diesen Büchern und Studien wird ein charakteristischer Aspekt der Berufung und des Lebens von Madeleine sichtbar, der allzusehr in Vergessenheit geraten ist: ihr Wille, die Berufung eines getauften Christen bis in die letzten Konsequenzen hinein zu leben, ohne die Forderungen des Evangeliums abzuschwächen, ohne die Aufgaben zu vernachlässigen, die den Laien in der Welt und in der Kirche gestellt sind, in welcher Umgebung sie auch leben mögen.

Madeleine lag wahrlich nichts daran, ein Werk, eine Organisation zu hinterlassen; sie war vielmehr eine Pionierin, die an einem Wendepunkt des kirchlichen Lebens eine bestimmte Form des Laie-Seins wieder neu entdeckte und lebte. Wohl daher rührt das Interesse, das man ihr heute schenkt.

Die Bücher, durch die sie bekannt geworden ist, lassen die mystische Ader in ihr erahnen, aber sie sagen wenig darüber aus, unter welchen Umständen und in welchen Situationen sie die Liebe zu Gott und zu den Menschen gelebt hat. Man wußte bisher wenig von ihrem Lebensweg. Es ist das Anliegen dieser Biographie, diese Lücke zu schließen.

Christine de Boismarmin

Die ersten Jahre
1904 – 1933

Das Jahr 1904 war in vielerlei Hinsicht bedeutsam für die Geschichte Frankreichs. Unmerklich verschwindet das 19. Jahrhundert; die *Belle époque* ist angebrochen. Im geistigen Leben nehmen das Irreale und Intuitive den Platz im letzten doch unverläßlicher Gewißheiten ein. Das Kriegsgespenst erhebt sich von neuem. Auf diesen Kampf bereiten sich die Franzosen, die in der Mehrzahl noch auf dem Lande leben, obwohl die Landflucht in die Städte und Industriegebiete bereits eingesetzt hat, in sorgloser Blindheit vor.

Die Kirche ist bemüht, mit der in voller Entwicklung begriffenen Welt Schritt zu halten. Viele Katholiken verbünden sich mit der Regierung, und die ganz Kühnen unter ihnen schwärmen bereits von einer christlichen Demokratie. Indessen ist der Ministerpräsident, Emile Combes, ein radikaler und extrem antiklerikaler ehemaliger Seminarist, auf diesem Ohr taub. Indem er in aller Schärfe ein Gesetz von 1901 anwendet, schließt er alle Ordensgemeinschaften vom Unterricht aus. Als Staatspräsident Loubet den König von Italien in Rom besucht, protestiert Papst Pius X. energisch. Daraufhin schließt man die französische Botschaft beim Heiligen Stuhl. Schließlich bereitet Combes die Trennung von Kirche und Staat vor, die im darauffolgenden Jahr durch Abstimmung erfolgt. Unter verschiedenen Formen wird im Frankreich von 1904 der große Kampf zwischen „den beiden Frankreich" fortgeführt, der seit dem großen Bruch von 1789 andauert.

Madeleine Delbrêl wird am 24. Oktober 1904 in Mussidan, einer kleinen Stadt in der Dordogne (Südfrankreich), geboren. Später hat sie immer wieder mit einigem Stolz betont, daß sie „das heiße Blut“ der Gascogne geerbt habe. „Ich bin – und das war ein glückliches Geschick – ohne gesellschaftliche Abschirmungen aufgewachsen. In meiner Familie gab es Leute aus allen Schichten.“[1]

Ihr Vater, Jules Delbrêl, ist kein alltäglicher Mensch. Er beginnt seine Laufbahn als einfacher Bahnarbeiter und macht bald Karriere. Durch seine Aufgeschlossenheit und Intelligenz wird seine Neigung zu Literatur und Kunst gefördert. Er verfaßt zahlreiche Gedichte, deren literarischer Wert dahingestellt sei, die jedoch ein natürliches Talent bezeugen. Jules Delbrêl ist außerordentlich kontaktfähig. Er hat ein einnehmendes Wesen und weiß die Aufmerksamkeit anderer auf sich zu lenken. Bis zum Äußersten kann er sich der allgemeinen Auffassung entgegenstellen. Welch ein Gegensatz dazu seine Gattin, Lucile Junières, so unnahbar und zurückhaltend! Das junge Mädchen hatte die klassische Erziehung des Provinzbürgertums erhalten. Ihr verhaltener Liebreiz besticht den jungen Mann trotz – oder vielleicht wegen – ihrer charakterlichen Unterschiede.

Die beiden lernten sich in Mussidan kennen, wo der Vater von Lucile eine florierende Wachskerzenfabrik besaß. Der Vater von Jules war Mechaniker, seine Mutter, die in der Familie das Heft in der Hand hatte, Hebamme. Sie war nach Paris gezogen, um dort ihre Ausbildung fortzusetzen; und nun sieht man sie auf allen Straßen des Bezirks mit ihrem Wagen umherfahren. Die gütige Lucile wird die Frau des phantasievollen Jules. Aus dieser Verbindung geht Madeleine als einziges, innig geliebtes Kind hervor. Aber das Ehepaar versteht sich nicht, und Madeleine leidet unter der gespannten Atmosphäre im Elternhaus, unter den Wutausbrüchen und Überspanntheiten ihres Vaters und den Tränen ihrer Mutter. Dennoch liebt sie beide gleichermaßen. Sie verkörpert in gewisser Weise die lebendige Synthese der elterlichen Eigenschaften: Von ihrem Vater hat sie den Schwung, die Aufgeschlossenheit für Menschen und Dinge, die Organisationsgabe, von ihrer Mutter die Feinfühligkeit, die Festigkeit und den natürlichen Charme.

Glücklicherweise tritt im Oktober 1908 ein anderer Mensch in ihr Leben: Clémentine Laforêt, eine Bauerntochter aus der Gegend von Mussidan. Sie wird von Frau Delbrêl angestellt, um sich um den Haushalt und um Madeleine zu kümmern. Sie gewinnt die Familie lieb und wird bald unentbehrlich. Mit ihrem gesunden Menschenverstand, ihrer Hochherzigkeit und ihrer guten Laune wirkt sie Wunder. Ihre offene Sprache und ihr Humor bewirken eine Entspannung der ärgsten Situationen. Clémentine nimmt stets Partei für „Madame" gegen „Monsieur", ist aber allen gegenüber gleichermaßen dienstbereit. So macht sie das Leben erträglich, und ohne sie hätte sich häufig Resignation breitgemacht.

Jules Delbrêl steigt Schritt für Schritt auf den Stufen seiner Eisenbahnerkarriere empor. Auf dem Liniennetz Paris-Orléans ist er für sein Fachwissen und seine originellen Einfälle bekannt; er gewinnt die Sympathie aller. Infolge seiner Beförderungen zieht die Familie oft um: von Lorient nach Nantes, von dort nach Bordeaux und schließlich nach Montluçon. Bei diesem wechselvollen Leben erhält die heranwachsende Madeleine eine wenig an herkömmlichen Maßstäben orientierte Erziehung. Ihre Eltern sind darauf bedacht, daß sie ihre Talente entfalten kann, aber die Schul- und Internatsordnungen scheinen ihnen zu streng. Madeleine schreibt: „Meine ziemlich schwache Gesundheit und der Beruf meines Vaters als Eisenbahner mit den ständigen Umzügen brachten es mit sich, daß ich Privatstunden erhielt. Da habe ich merkwürdige Lehrer kennengelernt!"

Herr und Frau Delbrêl sind traditionsbewußte Christen und schicken ihre Tochter in den Katechismusunterricht. Hier bereitet sie sich mit Eifer auf ihre feierliche Erstkommunion vor. Aber als der Tag gekommen ist, stirbt ihre Großmutter, so daß sie nicht an der Feier teilnehmen kann. Soll sie nun bis zum nächsten Jahr warten, wie ihre Eltern es vorschlagen? Gewiß nicht; sie sucht den Ortspfarrer auf und erlangt die Erlaubnis, vierzehn Tage später im weißen Festkleid die Erstkommunion zu empfangen. Dieser Kindeseifer hält während der Jugendzeit nicht an.

Madeleine ist zwölf Jahre alt, als der Erste Weltkrieg seinen Höhepunkt erreicht. Jules Delbrêl sieht als Bahnhofsvorsteher ganze Eisenbahnzüge mit Soldaten durch Montluçon fahren. Er richtet für sie Kantinen und Schlafstellen ein und erfindet immer neue Hilfsmaßnahmen. Aber er muß alles selber tun und finanzieren; er geht dabei bis an die Grenzen seiner Kräfte. Immer heftigere, anhaltende Kopfschmerzen zwingen ihn schließlich dazu, sich um einen weniger verantwortungsvollen Posten zu bewerben. Er wird an einen Bahnhof in Paris versetzt.

Dort geht der ungeregelte Unterricht für Madeleine weiter: Sie erhält Privatstunden und auch Klavierunterricht, denn ihre Eltern träumen davon, sie zu einer Pianistin auszubilden. Jules Delbrêl nimmt seit langem an einem Literaturkreis teil, dem Kreis der „Freunde von Montaigne". Dort haben sich Bewunderer des großen Essayisten aus der Gascogne, aus Périgourd und Bordeaux zusammengefunden. Die Zusammenkünfte werden durch die starke Persönlichkeit von Dr. Armaingaud geprägt.[2] Dieser, ein überzeugter Atheist, hat den Arztberuf aufgegeben, um sich ganz literarischen Arbeiten zu widmen. Er bekennt sich zu jener „realistischen" Geisteshaltung, die nichts anderes für gesichert hält, als was durch die Vernunft zu erklären ist. Dieser „Gesandte von Montaigne auf unserem Planeten", wie er sich selber nennt, hat eine tiefe Zuneigung zur Familie Delbrêl gefaßt, im besonderen zu Madeleine, deren Aufgeschlossenheit er bewundert. Jeden Sonntagabend findet man sich bei dem Doktor ein, der die Gedichte des nun dreizehnjährigen Kindes mit Interesse anhört. Sie läßt sich begeistern von seinem Atheismus, seinem auf Wissenschaft und Vernunft gründenden Positivismus, und die Katechismusstunden des Pfarrers von Montluçon erscheinen ihr recht fade im Vergleich zur Faszination des „Pariser Geistes". „Seit meiner Ankunft in Paris … gewann die Kraft des Verstandes den ersten Platz in meiner Wertskala."[3]

„GOTT IST TOT, ES LEBE DER TOD"

Die letzten Jahre des Ersten Weltkrieges und die unmittelbaren Nachkriegsjahre sind von Grauen und Sinnlosigkeit geprägt. In vier Jahren sind achteinhalb Millionen Menschen gefallen; Millionen sind verstümmelt, entstellt und für immer gezeichnet zurückgekehrt; ganze Gebiete sind zerstört, Reims, im Herzen Frankreichs, wurde ein Opfer der Flammen. Am Ende des Krieges werden weitere Tausende Zivilisten von einer Spanischen Grippe hinweggerafft. Wie soll man in einem solchen Klima nicht von der Zwiespältigkeit der Welt überzeugt sein? Warum noch an die Existenz Gottes glauben?

Madeleine kann sich nicht mit romantischen Gefühlen zufriedengeben. Trotz ihrer Neigung zum Dichterischen verschließt sie sich nicht der Wirklichkeit. Als Beweis ein Text, den sie im Alter von 17 Jahren geschrieben hat und dessen beißende Schärfe erstaunen mag. Ob der Atheismus bis in seine letzten Konsequenzen, die Sinnlosigkeit des Seins und des Lebens je von einem Heranwachsenden so massiv empfunden und in solcher Eindringlichkeit ausgedrückt worden sind? Unwillkürlich denkt man an Nietzsche und seinen Entsetzensschrei bei der brutalen Enthüllung: „Gott ist tot. Wir haben das Meer ausgeleert." Wir geben den Text der Siebzehnjährigen ungekürzt wieder. Ohne die radikale Verneinung, die sich in ihm ausdrückt, gepaart mit der echten Erfahrung des Nichts, wäre Madeleines geistliche Entwicklung zweifellos nicht zu verstehen.

Man hat gesagt: „Gott ist tot." – Weil das wahr ist, muß man auch redlich genug sein, nicht mehr so zu leben, als ob er lebte. Man hat die Sache mit ihm geregelt: Nun heißt es, sie auch für sich selbst zu regeln. Wir wissen jetzt, woran wir sind. Auch wenn wir den Weg unseres künftigen Lebens nicht kennen, eines wissen wir: Es wird klein sein, ein unbedeutendes Leben. Für die einen wird Unglück alles ausfüllen, für andere wird das Glück mehr oder weniger Platz einnehmen. Ein wirklich großes Unglück oder Glück wird es niemals sein können, weil beides in unserem unbedeutenden Leben Platz nehmen wird.

Das große, unbestreitbare, vernünftige Unglück ist der Tod. Angesichts seiner wird man realistisch, positiv, praktisch werden müssen. Ich sage „werden" und bin überrascht vom allgemeinen Mangel an gesundem Menschenverstand.

Freilich bin ich erst siebzehn, und viele Begegnungen stehen mir noch bevor. Die Revolutionäre interessieren mich, aber sie haben die Frage schlecht verstanden: Sie können zwar die Welt aufs beste einrichten ..., aber ausziehen muß man doch, wohl oder übel! – Die Gelehrten sind eher kindlich; sie meinen immer, den Tod zu töten, sie töten gewisse Arten des Sterbens: Tollwut, Pocken. Dem Tod geht es dabei gut.

Gegenüber den Pazifisten bin ich voller Sympathie, aber im Rechnen sind sie schwach. Wäre es ihnen 1914 gelungen, den Krieg zu unterbinden, so wären 1998 doch alle, die der Krieg nicht umgebracht hätte, endgültig auf einem Friedhof begraben.

Die Rechtdenkenden erstaunen mich durch ihre Zuversicht: Ihnen mangelt Bescheidenheit. Sie sind sicher, für das Glück der anderen zu arbeiten. Dabei läßt sich zumindest bedenken: Je schöner das Leben, desto härter das Sterben. Beweis: Wenn man den Lebenssinn der Leute zerstört hat, bringen sie sich ganz von selber um.

Die Verliebten sind radikal unlogisch und kaum belehrbar: „Ich liebe dich auf ewig ..." Sie wollen nicht davon Kenntnis nehmen, daß sie zwangsläufig untreu sein werden und daß diese Untreue tagtäglich näher rückt ... Ganz zu schweigen vom Alter, diesem tropfenweisen Tod. Ich möchte nicht bei einem Manne bleiben, den ich geliebt habe und der jetzt meine Zähne ausfallen, mein Kinn herabhängen, meinen Leib zum Schlauch oder zur trokkenen Feige sich wandeln sieht ... Wenn ich einmal liebe, dann wird es wie eine Momentaufnahme sein, wie befristet, in Eile.

Und die Mütter, die armen, sie tun sich schwer, keine Torheiten zu sagen, zu tun: „Mein Kleines, wie wollte ich, daß du glücklich seiest ..." Sie wären fähig, das Glück zu erfinden, um es ihren Kindern zu geben. Wohl gibt es jene, die kein Kanonenfutter herstellen wollen, aber versucht ihnen einmal beizubringen, daß sie immerhin Todesfutter herstellen ... Ich will keine Kinder. Mir genügt's, täglich vorweg dem Begräbnis meiner Eltern beizuwohnen.

Die Vernünftigen sind vielleicht die Maurer, die Zimmerleute, die Photographen, die Künstler, die Dichter. Sie stellen Sachen her, die Dauer haben, sie lassen etwas von den Menschen dauern. Die Könige starben, ihre Sessel bleiben in den Museen. Das ist eine Art zu existieren, sein Photo irgendwo zu haben. Denkmäler halten stand. Die Gioconda hätte ihren Kopf längst nicht mehr, wenn man nicht ihr Porträt gemalt hätte. Wenn man in der Klasse eine Fabel von La Fontaine aufsagt, lebt das, was La Fontaine dachte, ein bißchen fort. Und dann gibt es die Leute, die sich amüsieren, die die Zeit totschlagen, bis schließlich die Zeit sie totschlägt ... Ich gehöre dazu. Die seriösen Leute verachten uns im Namen ihrer ernsthaften Beschäftigungen.

O nein, sie ist nicht erledigt, die Nachfolge Gottes. Überall hat er Ahnungen von Ewigkeit, von Macht, von Seele hinterlassen ... Und wer ist Erbe? Der Tod ... Gott dauerte, jetzt dauert allein der Tod; er war allmächtig, jetzt wird der Tod mit allem und allen fertig. Er war Geist – ich weiß nicht recht, was das heißt –, aber jetzt ist der Tod allgegenwärtig, unsichtbar, wirksam; er versetzt einen winzigen Schlag und tack: Die Liebe hört auf zu lieben, der Gedanke zu denken, ein Säugling zu lächeln ... Und nichts ist mehr da.

Früher sagten Leute: „Wir tanzen auf einem Vulkan." Ja, ich tanze, aber ich will wissen, daß ich auf einem Vulkan bin. Am Abhang der Vulkane gibt es Villen und Hütten, gibt es Junge und Alte, Genies und Trottel, Krüppel und Sportkanonen, Vielgeliebte und Schlechtgeliebte; geifert der Vulkan, so ist's lauter Feuer, alles verschwindet im Unsinn der Flammen.

Alle stehn wir ganz nah beim wahren Unglück. Wird man – ja oder nein – den Mut haben, sich das einzugestehen? Es uns selber zu sagen? Aber womit? Sogar die Worte hat Gott verfälscht ... Kann man einem Sterbenden ohne Mangel an Takt „Guten Tag" oder „Guten Abend" sagen? ... So sagt man ihm halt: „Auf Wiedersehen" oder „Adieu" ..., solange man noch nicht auszudrücken gelernt hat: „Auf Nirgendwo", „Auf rein gar nichts".[4]

Auf den Nihilismus gibt es zwei Antworten. Die erste ist das Eintauchen in die Torheit und den Tod, also in den Selbstmord. Die zweite ist die Flucht nach vorn in den Wirbel des Lebens. Die Welt der zwanziger Jahre wählt diese zweite Lösung. Weil die Welt keinen Sinn zu haben scheint, weil die Werte, an die man immer geglaubt hat, in den noch immer rauchenden Ruinen des Krieges untergegangen sind, muß man seine Unruhe vor allem im unaufhörlichen Strudel der unmittelbaren Vergnügungen betäuben. Es ist das Zeitalter des „Jazz"; diese neue Art von Musik wird zum Sinnbild der fieberhaften Epoche, die nun anbricht.

Als Kind ihrer Zeit zieht auch Madeleine Fest und Tatkraft den zermürbenden Grübeleien über das Nichts vor. Ja, sie tanzt, stürzt sich wie wild ins Vergnügen, tut, was sie will, läßt sich einen „Bubikopf" schneiden und kleidet sich nach der neuesten Mode. Sie will frei sein, ganz frei. Verzweiflung und Liebe zum Leben wohnen in ihr beieinander. „Elegisch und ernst", charakterisiert eine ihrer Freundinnen Madeleine; „kameradschaftlich, fröhlich, mitreißend", meint eine andere; „ein rechtes Lästermaul", fügen die Leute von Mussidan hinzu.

Nach einer schweren Rheumatismuserkrankung muß Madeleine die Klavierstunden aufgeben, weil sie zu anstrengend sind. Sie nimmt an Geschichts- und Philosophiekursen an der Sorbonne teil, wo Léon Brunschvicg auf sie aufmerksam wird. Eine Freundin aus dieser Zeit erinnert sich an sie: „Wir besuchten gemeinsam die Philosophiekurse von Léon Brunschvicg an der Sorbonne. Als wir eines Tages herauskamen und den Boulevard Saint-Michel hinaufgingen, den Kopf voll mit Thesen und Antithesen – deren es genug gab –, faßten wir einen Entschluß, der gut zu dem blühenden Frühling auf dem Medici-Platz und zu den grünenden Bäumen in strahlender Sonne im Park von Luxemburg paßte: immer jung zu bleiben, was auch kommen möge, auch wenn die Jahre vergehen würden ... Jung sein, das war unsere Berufung. – Sie hat Wort gehalten."

Der Wunschtraum ihres Vaters war gewesen, Schriftsteller zu werden und ein Werk herauszugeben. Madeleine erfüllt sich diesen Wunsch, indem sie ihre Gedichte veröffentlicht und illustriert. So kommt sie nach Montparnasse in eine Kunstakademie, mitten in diese „fortschrittliche" Umgebung, wo der große Bildhauer und Maler Modigliani seine letzten Lebensmonate verbringt.

BEGEGNUNG MIT JEAN MAYDIEU

Als Madeleine 18 Jahre alt wird, gibt ein entscheidendes Ereignis ihrem Leben eine völlig neue Richtung: eine Begegnung. Dr. Armaingaud, dieser unverbesserliche Agnostiker, hatte ein Patenkind, das er sehr liebte. Als dessen Mutter, Frau Maydieu, kurz nach seiner Geburt starb, hatte sich der Doktor bereit erklärt, der Pate des Jungen zu werden, der Jean genannt wurde. Die tief gläubige Familie Maydieu, der Abstammung nach aus Bordeaux, war fest verwurzelt in der Gascogne, jener durch Regen und Fichtenwälder geprägten Landschaft, die Mauriacs romantisches Weltbild beeinflußt hatte. Dr. Armaingaud hatte in Bordeaux gewohnt, bevor er in die Rue des Écoles in Paris zog. Dort traf er Jean, seinen „Augapfel", wieder, der inzwischen Polytechnik studierte. Jean Maydieu hatte dieses Studium vor allem deshalb aufgenommen, weil er einem Wunsch seines Vaters entsprechen wollte. Er selbst wäre am liebsten gleich in einen Orden eingetreten, wohin seine Berufung ihn drängte.

Der junge Mann hat glänzenden Erfolg. Er kennt keine Niedergeschlagenheit und ist ein ungestümer, bisweilen über die Stränge schlagender Student und politischer Kämpfer (wie Bernanos, zehn Jahre früher, Anhänger des Königs). Einer seiner Kameraden, Georges Lamirand, erinnert sich freilich, daß er „unter seiner studentischen Überschwenglichkeit bei jeder Gelegenheit ein starkes Gespür für eine ernste, hohe Lebensauffassung durchblicken ließ". Da er sich mit dem Positivismus der Freunde, die im Haus seines Paten ein- und ausgehen, befassen muß, vertieft er seine persönlichen Nachforschungen und wird im Feuer der Kritik in seinen Überzeugungen bestärkt.

Das ist der junge Mann, dynamisch und besonnen, fröhlich und ernst, den Madeleine bei Dr. Armaingaud kennenlernt. Dieser bemerkt mit Befriedigung, wie die beiden einander zugetan sind. Auch er sähe sein Patenkind viel lieber auf dem Weg zur Heirat als in einem Kloster. Er lädt also Madeleine in seine Villa zu Arcachon in der Nähe der Maydieu ein.

Ganze Tage werden mit gemeinsamen Kahnfahrten verbracht, Abendgesellschaften mit leidenschaftlichen Diskussionen oder mit Tanzen. Es ist bald offenkundig, daß Jean und Madeleine sehr verliebt ineinander sind. In ihrer Umgebung spricht man bereits von Verlobung. Auf dem Ball, den Madeleines Eltern zu ihrem 19. Geburtstag geben, trennen sie sich kaum voneinander. Sie bilden ein so harmonisches Paar, daß man stehenbleibt, um sie beim Tanz zu beobachten: er sehr groß, sie ganz schlank in ihrem weißen Kleid mit griechischem Faltenwurf. – Die Zukunft, die sich vor ihr auftut, macht Madeleine überglücklich. Wer von denen, die sie so aufgeblüht, so strahlend sahen, hätte gedacht, daß das Schicksal bald einen gänzlich anderen Lauf nehmen würde?

Jean zieht sich plötzlich zurück, als sei er von seiner ersten Berufung wieder erfaßt worden, und läßt sie allein und ratlos. Er hört auf, sie zu besuchen, ja, er schreibt ihr nicht einmal mehr, gibt seine Laufbahn auf, verläßt seine Familie und seine Freunde und tritt in das Noviziat der Dominikaner ein. – Wie sollte man in der Rückschau nicht von der geheimnisvollen Weise dieser Begegnung und dieses Bruchs betroffen sein, die über zwei außergewöhnliche Berufungen entscheiden wird, die eines hervorragenden Ordensmannes und die eines Laienapostels, dessen Zeugnis eine ganze Epoche prägen soll?

Pater Maydieu wird wie Madeleine auf zwei Ebenen leben: ganz zur Kirche gehörig und doch in der „Welt". Die gegenseitige Zuneigung der beiden jungen Leute war nicht oberflächlich. Sie war Zeichen einer viel tieferen Übereinstimmung, einer gemeinsamen Berufung, der Jean als erster folgte und die Madeleine nach und nach auch wahrnahm. 1956, ein Jahr nach dem Tod von Pater Maydieu, erschien eine Lebensbeschreibung von ihm. Madeleine erhielt dieses Buch und bewahrte es unter ihren Lieblingsbüchern auf, hat aber seine Seiten niemals aufgeschlagen. Warum hätte sie es lesen sollen? Was hätte sie daraus erfahren können? Waren ihre Existenzen nicht parallel verlaufen wie die Geraden des Euklid, die sich im Unendlichen schneiden?

Als Theologe und Intellektueller verstand es Jean Maydieu, den Armen nahe zu bleiben und seine Zeit damit zu verbringen, sich unermüdlich für ihr Wohl einzusetzen. Nach seiner Seminarzeit und seinen Theologiestudien ist er in Juvisy, dann in Paris, wo er sich als Publizist zu betätigen beginnt. Er wird Mitarbeiter im Verlag du Cerf und Redakteur der Zeitschrift *Vie intellectuelle*. Er reist viel durch Frankreich und Europa und begegnet Menschen, welche die Entwicklung der Kirche aufmerksam verfolgen. Bei Ausbruch des Krieges 1939 wird Jean Maydieu der Artillerie zugeteilt. Nach seiner Gefangennahme flieht er und kehrt nach Paris zurück, wo er während der Besatzungszeit zur geistigen Widerstandsbewegung gehört. Im „Comité National des Écrivains“ trifft er auf so verschiedene Leute wie Mauriac, Eluard, Gabriel Marcel, Sartre und Camus, die sich in einer stets gefährdeten Brüderlichkeit zusammengefunden haben. Edith Thomas, damals Mitglied der Kommunistischen Partei, die ihn dort kennenlernt, sagt von ihm: „Pater Maydieu konnte eine Brücke über den Abgrund schlagen, den Abgrund zunichte machen.“ Als Kind der Gascogne hat er sich seinen Humor und seine Kontaktfähigkeit bewahrt. Nach der Befreiung übernimmt er wieder die Redaktion der Zeitschrift *Vie intellectuelle.*

Pater Maydieu, der Denker, Philosoph und Schriftsteller, sieht voller Sorge die skandalöse Armut und Entchristlichung der Masse des Volkes. Von 1937 an hält er in Paris und Umgebung mehr als dreißig Konferenzen über das Thema „Christus und der Arbeiter“. Man trifft sich in den Cafés; bei der Krönung eines Rosenmädchens hat der Pater gar den jüngst gewählten „Roten“ zugetrunken, damals ein unerhörtes Verhalten für einen Ordensmann.

Nach 1945 und besonders gegen 1948 denkt Jean Maydieu daran, sich den Arbeiterpriestern anzuschließen, die sich der Armen annehmen und deren Lebensbedingungen teilen. Doch erst 1955, wenige Monate vor seinem Tod, kann er diesen Traum ansatzweise verwirklichen, indem er sich geistigerweise einer Pfarrgruppe von Montreuil anschließt. Montreuil liegt nur ein paar Kilometer von Ivry entfernt, wo Madeleine schon seit zwanzig Jahren lebt … Aber Jean Maydieu versenkt sich nach kurzer Krankheit in jenen „Tod, welcher der Ewigkeit ins Antlitz schaut“.

„ICH ENTSCHLOSS MICH ZU BETEN“

Madeleine, die einen abgeklärten Atheismus bekannte, als sie Jean begegnete, hatte sicher Gelegenheit, sich mit dessen christlichen Überzeugungen auseinanderzusetzen. Von nun an versuchte sie ernsthaft, sich über die Rätsel, die ihre Einstellung ihr aufgaben, klarzuwerden. Aber es ist ein weiter Weg von der Suche bis zum Glauben. Sie sieht, wie Jean sich zurückzieht, ohne es zu verstehen ..., und wird ernstlich krank.

Allein auf einem Spaziergang, betritt sie eher gedankenlos eine Kirche, in der gerade ein Requiem gehalten wird. Die Totengesänge, die Kerzen, der Katafalk und im Hintergrund eine Art von erlöschendem Licht erscheinen ihr wie die Symbole ihrer gestorbenen Liebe und ihrer Wunschträume. Das Leben, das ihr eine Zeitlang klar und übersichtlich vorgekommen war, wird wieder sinnlos wie zuvor. Aber sie will den Grund dieses Abschieds wissen; so schreibt sie an einen Priester, von dem sie weiß, daß er mit Jean in enger Verbindung steht, und erwartet mit angstvoller Spannung eine Antwort, die nie eintrifft. Als sie viel später einmal mit einer Freundin darüber spricht, empfiehlt sie ihr, „immer zu antworten“. Meinte dieser Priester etwa, sie wolle die Verbindung mit Jean wieder anknüpfen, während es ihr doch nur darum ging zu verstehen? Wie auch immer, sein Verhalten dürfte Madeleine in ihrem Antiklerikalismus bestärkt haben, den sie voller Bitterkeit in einem Gedicht mit dem Titel „Das Goldene Kalb“ zum Ausdruck bringt.

Ihr schändlichen Priester liefert eure Gedanken
dem Mißbrauch der Volksverhetzer aus,
ihr Kantoren besingt unter Gähnen eure Unzufriedenheit,
und wenn eure Stimme ertönt, so lobt sie das Geld.
Ihr Händler drängt euch vor den Heiligtümern,
besudelt den Boden, auf dem eure Knie umherrutschen,
ihr, die ihr die Stätten des Betens entehrt

mit eurem Marktgeschrei und Geldgeklimper.
Ihr Schädlinge alle, die unsere Fluren verheeren,
ihr verschlingt die Schmach,
spült die Gewissensqual hinunter,
ihr schlechten Hirten der Herden eurer Brüder,
die ihr gleich Raben über Leichen kreist.

Der Verlust Jeans ist nicht der einzige Schicksalsschlag; ein anderer bricht ebenso grausam in Madeleines Leben ein. Im Laufe des Jahres 1924 verliert ihr Vater allmählich sein Augenlicht. Die Behandlungen bringen keine Besserung, sondern scheinen das Übel zu vermehren. In einer Art Verzweiflung versucht er, seinem Gedächtnis die Formen, die Farben, die Züge seiner Lieben einzuprägen, die er bald nicht mehr wird sehen können. Er diktiert zu jener Zeit viele Gedichte, in denen seine Angst aufscheint. Innerhalb weniger Monate ist er völlig erblindet, erst 55 Jahre alt.

Um ihm die Prüfung zu erleichtern, beschließen Frau Delbrêl und Madeleine, sich ihm ganz zu widmen. Die Familie zieht vom Place Denfert zum nahegelegenen Place Saint-Jacques um. Von nun an verschließt sich Herr Delbrêl, der die Abhängigkeit, in die er geraten ist, nicht ertragen kann, in menschenscheue Abkapselung. Sein Temperament, von Natur aus phantasiebegabt, verdüstert sich. Das Leben wird ihm unerträglich, die Verzweiflung treibt ihn in eine gehässige Verbitterung. Er lehnt sich gegen alles auf, gegen sein Leiden, gegen die Gesellschaft, ihre Gewohnheiten und Annehmlichkeiten; er zieht die Kleidung nicht an, die ihm hingelegt wird, und kleidet sich wie ein Landstreicher. Allein durchstreift er das Viertel und beklagt sein Unglück. Gelegentlich setzt er sich auf eine Bank vor seiner Haustür und erklärt mit lauter Stimme, sogar von denen vernachlässigt zu werden, die als erste für ihn zu sorgen hätten. Wie ein Bettler bittet er um die Hilfe der Vorübergehenden. Für seine Hausgenossen beginnt damit die Hölle.

Madeleine, schwer getroffen durch die Trennung von Jean Maydieu, von der Not ihres blinden Vaters und der Überanstrengung ihrer Mutter, fragt sich nach dem Sinn so vielen Leids, nach dem Sinn dieses so schweren, so ungereimten Lebens, ohne ihn zu finden.

Ich habe Angst, mich anderswohin zu wenden.
Was kümmert mich die Welt, in der die Zukunft lacht?
Am hellen Morgen würde ich vor Kälte zittern,
und ich habe keine Lust mehr,
gleichgültig Abschied zu nehmen.
Mein Mund ist blutig, ich habe Salz gegessen.
Vom Lauf nach der Siegespalme ist mein Leib erschöpft;
auf meiner Stirne lastet schwer dein einzigartiger Gedanke,
und ich fürchte mich
vor dem Schlaf des ewigen Schweigens.

Madeleine ist viel zu stolz auf ihre geistige Unabhängigkeit, als daß sie Trost suchte. Sie ist auch zu realistisch. Sie findet sich ein in ihren Schmerz und weist alles ab, was ihn verdrängen und nur vordergründig lindern würde. Aber sie ist beharrlich auf der Suche nach Wahrheit.

Unter Jeans Kameraden waren mehrere, die aus der gleichen inneren Sicherheit heraus lebten wie er. Was könnte dieses Unsichtbare sein, das ihnen so vertraut ist? Um seinetwillen hat Jean sich entschieden, sie zu verlassen. – Während sie weiter über alles nachdenkt, kommt sie zu neuen Überlegungen. Sie muß es als unwiderlegliche Tatsache anerkennen, daß die ganze Lebenskunst darin besteht, dem Idealismus zu mißtrauen. Vielen mag das skandalös erscheinen, für sie ist es eine unbestreitbare Gewißheit. Doch wieso eigentlich sollte sie Gott verwerfen, auf seinem Nicht-Sein beharren? Könnte die gegenteilige Auffassung nicht ebenso wahrscheinlich sein? Der Anti-Idealismus schließt strenggenommen die Existenz Gottes, die Möglichkeit seiner Existenz, nicht aus. Was soll sie tun? „Ich entschloß mich zu beten.“ Das ist tatsächlich der einzig mögliche Weg, der direkte, spontane, ihrer Natur so entsprechende Weg.

Sie ist auf dem Weg der Bekehrung, der Begegnung mit Gott. Die Einzigartigkeit des Schrittes beweist nur, daß Madeleine unmittelbar in die Mitte des Christusgeheimnisses eingedrungen ist. Einzigartigkeit in dem Sinne, daß dieser Schritt ganz und gar ihr eigener ist, Öffnung des Herzens und daher Entdeckung der Nähe; aber auch Universalität, Umkehr, Rückkehr des Herzens zu dem Einzigen. Gott schenkt sich nicht als Ergebnis einer wohlgeführten Dialektik, selbst wenn die Vernunft unaufhörlich mitgeht und den Rhythmus des Herzens begleitet. Es ist auch nicht in engerem Sinne eine Erfahrung Gottes, die das Herz macht, oder das Gefühl einer gewissen Zweckmäßigkeit, einer Notwendigkeit, um eine unerträgliche Leere auszufüllen. Solchen Versuchungen ist sie immer ausgewichen.

Wie soll man das Unsagbare sagen? Madeleines Zeugnisse verweisen mit fast traumwandlerischer Sicherheit auf die Bekenntnisse des heiligen Augustinus, auf diesen Gott, der mir näher ist als ich mir selbst, oder wie Claudel es ausdrückt, „ein Gott, der mehr ich ist, als ich selbst ich bin“.

Du lebtest, und ich wußte nichts davon. Du hast mein Herz nach deinem Maß geschaffen, mein Leben, damit es so lange dauere wie du; und weil du nicht da warst, erschien die ganze Welt mir klein, töricht und das Schicksal der Menschen dumm und böse. Als ich wußte, daß du lebtest, habe ich dir gedankt, daß du mich ins Leben gerufen hast; ich habe dir für das Leben der ganzen Welt gedankt.

Diese Gegenwart Gottes in ihr ist die Gegenwart Christi, ohne daß man zwischen dem Gott ihres Herzens und dem Christus des Evangeliums unterscheiden könnte, so sehr sind sie eins.

Im gleichen Jahr 1924, dem Jahr, da sie den Herrn entdeckte, stirbt am 21. Januar Wladimir Iljitsch Lenin, der Vater der sowjetischen Revolution, der Lehrer des Materialismus und des militanten Atheismus, Leitbild jener Männer und Frauen, denen Madeleine begegnen, die sie schätzen und lieben wird, die ihr so nahestehen und doch fern von ihr sind in der Anerkennung des Wesentlichen. 1924, das ist auch das Jahr des Surrealistischen Manifestes, in dem André Breton erklärt: „Wir müssen den Panzer der Vernunft durchbrechen", um zu einer „absoluten und surrealistischen Wirklichkeit" zu gelangen.

„DER WEG"

Sicherlich sehr bald nach ihrer Bekehrung hat Madeleine daran gedacht, in den Karmel einzutreten. Sie wollte ein kontemplatives Leben führen und sich aus der Welt zurückziehen. Aber wenn Gott nunmehr ihr ganzes Leben erfüllt, wie kann sie da ihre Eltern in all ihrer Not zurücklassen? Herr Delbrêl verschanzt sich mehr und mehr in krankhafte Aggressivität, und seine Frau, die möglichst allem gerecht zu werden versucht, ist fast ständig am Rand ihrer Nervenkraft.

Ein langer Aufenthalt von Herrn Delbrêl mit seiner Tochter in Mussidan bringt allen Entspannung. Er findet hier ein wenig von seiner Ruhe und seiner Vernunft wieder, während Madeleine ihrerseits von den Ereignissen Abstand gewinnt, die ihr Leben von Grund auf erschüttert haben. Sie bemüht sich, die Lücken ihrer religiösen Bildung durch das Studium der thomistischen Philosophie aufzufüllen. Ferner befaßt sie sich mit den Schriften der heiligen Teresa von Avila und des heiligen Johannes vom Kreuz.

Nach ihrer Rückkehr besucht sie wieder ihre liebe Pfarrkirche Saint-Dominique in Paris. Einer Freundin schreibt sie:

Du fragst mich nach meiner Kirche. Es ist Saint-Dominique, eine neue und bescheidene Kirche, die in Form einer Moschee in einer ärmlichen Straße liegt. Manche finden sie schön, andere häßlich; mich interessiert das nicht: Ich liebe sie; das ist alles. Weißt Du, das kommt daher, daß man mit dem Bau anfing, als der Gute Hirte mich noch nicht auf seine Schultern genommen hatte. Sie war noch sehr kahl, als ich langsam und voller gespannter Hoffnung zu ihr kam ... Sie liegt zwei Schritte von zu Hause entfernt. Ich gehe über den Boulevard Saint-Jacques, biege 50 Meter in die Straße Tombe-Issoire ein und bin da. Schon dieser kurze Weg ist voller Erinnerungen; ich bin ihn auf so vielerlei Weisen gegangen ...

In Saint-Dominique begegnet sie hervorragenden Priestern, vor allem Abbé Lorenzo, der später eine bedeutende Rolle in ihrem Leben spielt.

Indessen hat Madeleine ihre literarische und künstlerische Betätigung nicht aufgegeben. Sie bringt eine Gedichtsammlung zum Abschluß, die sie *La route* (Der Weg) nennt. Dieser Band, der von ihrem geistlichen Werdegang handelt, trägt ihr im Juli 1926 den Sully-Prudhomme-Preis ein. Madeleines Vater, der sehr stolz auf seine erfolgreiche Tochter ist, freut sich noch mehr, als er dank des Geldes, das der Preis einbringt, einige seiner eigenen Werke veröffentlichen kann.

1926 macht Madeleine eine Reise nach Belgien. Bei einem Zwischenaufenthalt in Amiens geht sie zum Beten in die Kapelle des Klosters, von dem sie weiß, daß Jean dort lebt. – Sie werden sich erst viel später wiedersehen, wenn sie beide in ihrer eigenen Berufung gefestigt sind und ihren Weg der radikalen Nachfolge Christi überblicken können. Sicher war diese Liebe eine Etappe der Vorbereitung; Madeleine war sich dessen deutlich bewußt. Ein Brief von 1927 an ihre Mutter zeigt, daß sie die schmerzliche Trennung von Jean nunmehr als Fügung der Vorsehung betrachten konnte. Sie schrieb diesen Brief ausgerechnet aus Arcachon, dem unvergeßlichen Ort ihrer Ferien:

In diesem Land, wo ich einmal sehr glücklich war, so glücklich, wie man es menschlicherweise nur sein kann, bin ich sehr bewegt, eine Freude zu erfahren, die unendlich viel größer ist. Ich danke Gott, daß er mir diese Erfahrung geschenkt hat ... Wir hätten unser Leben tragisch verfehlen können, Jean und ich. Wir waren für anderes geschaffen; das Erwachen hätte schrecklich sein können.

Auch weiter begeistern sie Literatur und Geisteswissenschaften. In dieser Zeit schreibt sie einen mehr oder weniger autobiographischen Roman, den sie aber wieder zerreißt, verfaßt auch einen Essay über die Beziehungen, die sie zwischen Kunst und Mystik entdeckt, ferner eine Studie über Paul Claudel; und immer berauscht sie sich an der Dichtung. Im Januar 1928 schreibt sie:

Ich emanzipiere mich und wende mich der freien Dichtung zu. Ich habe diese Art von anregender und bildsamer Arbeit sehr gern. Ich habe nicht auf den Klassizismus verzichtet ..., aber ich finde, daß die Themen, die mich augenblicklich beschäftigen, in zu lebendigen Linien verlaufen, als daß sie sich in regelmäßige Verse einbinden ließen, die nach meiner Ansicht Maß und Zahl bedeuten. Außerdem glaube ich, daß jedes Thema seine eigene Form verlangt; ich bin oft einem Rhythmus gefolgt, ohne es zu wollen und ohne es vermeiden zu können.

Die Themen, die sie beschäftigen, sind weit entfernt von jenen, die sie mit zwanzig Jahren begeisterten. Nunmehr sieht sie das Elend der Welt und „alles, was sich an unbemerkt Schmerzlichem" in Paris findet, mit wirklichkeitsnahem Blick. In ihren Gedichten *Les compagnons de la Fatigue* (Die Gefährten der Erschöpfung), *Chanteuse dans la rue* (Die Straßensängerin), *Ma soeur au chapeau rose* (Meine Schwester mit dem rosa Hut) wird deutlich, mit wieviel Aufmerksamkeit sie die Verzweiflung auf den Gesichtern und in den Gesten beobachtet. Moralisches und physisches Elend, an dem sie früher achtlos vorübergehen konnte, erschüttert sie jetzt und führt sie zu Meditation und Gebet.

Je mehr Madeleine sich in das Wirken Jesu und der Apostel vertieft, desto mehr verlieren die bloß ästhetischen oder intellektuellen Maßstäbe für sie an Bedeutung, oder vielmehr: Sie bekommen einen anderen Akzent. Die Kunst selber wird zu einem Weg der Vollkommenheit und des Zugangs zu Gott. In einem Brief im Jahre 1926 schreibt sie:

Die Künstler sind die frömmsten Menschen der Welt ... Sie nennen ihren Gott ... die Schönheit. Schönheit ist die Vollkommenheit des Schönen wie des Lebendigen. Sie gehen auf einem Weg zu ihm, der mit anderen Wegen zusammentrifft: dem Weg der Wahrheit, der Liebe, der Erkenntnis, denn die Wege sind Bergpfade, die alle am Gipfel zusammentreffen.

DIE BEKANNTSCHAFT MIT ABBÉ LORENZO

Madeleine hat Verbindung mit der christlichen Welt aufgenommen. Abbé Jacques Lorenzo leitet ihre ersten Schritte. Ein Original, dieser Abbé Lorenzo! Er verkündet das Evangelium mit einem so einfachen und eifrigen Wirklichkeitssinn, aber auch mit so viel Rednergabe, daß man sich um seine Kanzel drängt. Und was er in eindringlichem Ton von der Wahrheit verkündet, das lebt er auch. Durch die Bekanntschaft mit ihm läutert und vertieft Madeleine ihren Glauben.

1926 hatte Abbé Lorenzo Madeleine vorgeschlagen, sich an der Arbeit in der Pfarrei zu beteiligen und sich besonders der Pfadfinder-Bewegung anzunehmen, die er seelsorglich betreut. Zu Beginn des Jahrhunderts von Baden-Powell gegründet, hatte sie sich zunehmend ausgebreitet. Madeleine bereitet sich darauf vor, Gruppenführerin der Wölflinge zu werden. Mit leidenschaftlichem Ungestüm geht sie ihre Aufgabe an. Sie, die bisher vor allem die Gedankenspiele der Salons gekannt hatte, entdeckt plötzlich ganz andere Seiten des Lebens und die Wohltat körperlicher Bewegung.

Um Gruppenführerin zu sein, muß man eine intellektuelle, praktische und auch physische Formung durchlaufen. Ich mache eine Übung nach der anderen, ich klettere, springe, singe usw. Sportliche Betätigungen, die ich wenig gekannt habe, wie du mir glauben darfst.

Selbst Clémentine kann sie gewinnen, gewisse „Kunststücke" mitzumachen. Sehr bald werden die Leiter und vor allem der geistliche Führer der Pfadfinder, Kanonikus Cornette, „der alte Wolf" genannt, auf Madeleine aufmerksam. Mit Leichtigkeit und großem Eifer erfindet sie neue Spiele und Geschichten, und gern übernimmt sie die Leitung von Pfadfinderlagern. Sie steigt schnell empor und wird 1928 zur Kommissarin des Distrikts Paris-Süd ernannt, was zugleich die Aufgabe mit sich bringt, junge Gruppenleiter heranzubilden. Diese verleihen ihr das Abzeichen der „Fröhlichen Biene", weil sie wie ein munteres Insekt in einen unbändigen Reigen entführt, wo Lieder, Tänze, Nachsinnen und Meditation nahtlos ineinander übergehen. Madeleine hat nichts anderes im Sinn, als Freude zu bringen.

Es sind etwa zwanzig junge Mädchen im Alter von 18 bis 25 Jahren. Manche kommen einmal in der Woche bei Abbé Lorenzo zusammen, um im Evangelium zu lesen, darüber zu sprechen und zu meditieren. Nach und nach wächst der Gemeinschaftsgeist, erwachen neue Bedürfnisse. Sie beschließen, sich in den Dienst der Ärmsten zu stellen und auf die Hilferufe zu antworten, die zu der Pfarrei Saint-Dominique dringen. Das geht weit über die Aufgaben der Pfadfinder-Bewegung hinaus: Eine echte karitative

Organisation ist im Entstehen begriffen, und sie muß einen Namen bekommen, um ihre Eigenart zu kennzeichnen.

Der Abbé war zu Beginn seines priesterlichen Wirkens Mitglied einer Gruppe von Seelsorgern, der „Söhne der Nächstenliebe“, gewesen, die in priesterarmen Pfarreien aushalfen. Er schlägt wie selbstverständlich den Namen Caritas vor, den der heilige Vinzenz von Paul seinerzeit den Christen gegeben hatte, die er auf Besuch zu den Kranken schickte. Die Gruppe um Madeleine macht Besorgungen, pflegt Kranke, leistet ihnen Gesellschaft und setzt sich ein für Gescheiterte, Alleingelassene und vom Leben Enttäuschte. Jeden Dienstag kommen sie zusammen, oft bei Familie Delbrêl, sprechen über ihre Sorgen und Pläne, bis Abbé Lorenzo mit dem Gespräch über einen Abschnitt des Neuen Testaments beginnt. Daraus schöpfen sie das Verlangen und die Kraft, noch mehr aus dem Wort Gottes zu leben. Madeleine wird zur Leiterin der Gruppe ernannt. Sie soll für den Zusammenhalt sorgen, Anregungen geben und ihre Entwicklung verfolgen. Sie sorgt sich um den persönlichen Weg jeder einzelnen und bleibt doch selbst eine Suchende, deren eigener Weg erst im Laufe der Zeit klarere Konturen gewinnt.

AUF DEN SPUREN DES EVANGELIUMS

Seit Gott in Madeleines Leben eingetreten ist, ist er das Alles, auf das sie ihr ganzes Sein ausrichtet. Von dieser Begegnung zutiefst bewegt, hegt sie nur einen Wunsch:

... freiwillig Gott gehören, soweit ein menschliches Wesen wollen kann, dem angehören, den es liebt;
freiwillig das Eigentum Gottes werden, so total, so ausschließlich, endgültig und öffentlich wie eine gottgeweihte Ordensfrau.

Hatte sie das rein kontemplative Leben des Karmels ganz am Anfang ihrer Berufung als das ihr entsprechende betrachtet, so sieht sie ziemlich bald ein, daß dies nicht ihr Platz ist. Abbé Lorenzo kennt ihren Zug zum beschaulichen Leben; er weiß auch um die Situation ihrer Eltern. Er gibt Rat und hilft, wenn Herr Delbrêl in eine besonders schwere Krise gerät. Die Umstände lassen keine vorschnelle Entscheidung zu. Er rät zu warten und versucht, Madeleine „auf den Spuren des Evangeliums" leben zu lassen. Sie betet viel und bemüht sich, das Wort Gottes zu leben. Wegweisend ist das, was sie mehr und mehr als ihre Berufung begreift: Sie will sich nicht von dem gewöhnlichen Leben der Menschen entfernen, da Christus doch für sie in diese Welt gekommen ist. Lehrt er nicht diejenigen, die ihm folgen wollen, wie sie mit den Menschen leben können? Es geht durchaus um eine ungeteilte Liebe, die für Madeleine gebieterisch die Ehelosigkeit einschließt; aber warum Schranken zwischen sich und der Welt aufrichten? Gott weist sie auf den Weg ihrer Brüder und Schwestern; in ihrer Mitte will sie leben.

Die Entscheidung für die Ehelosigkeit aus ausschließlicher Liebe zu Gott,

eine Liebe, die darauf drängt, den zu künden und lieben zu lehren, den man liebt,

all das, das diese Liebe zu Gott und für Gott erfordert,

die Weigerung, das Ziel oder die Aufgaben anderswo als in ihm festzumachen, wie es in dem sogenannten „kontemplativen Leben" geschieht:

das waren für mich die einzigen Adern in meiner Goldmine. Ich dachte daran, sie mein Leben lang auszugraben, bis zu dem Tag, an dem ich Abbé Lorenzo kennenlernte. Er hat mir das Evangelium gleichsam geöffnet.

Das Evangelium ist nicht nur ein Buch der Kontemplation, der Anbetung, der Offenbarung eines zu verkündigenden Gottes. Es ist mir darüber hinaus das Buch geworden, das – in den Händen der Kirche – sagt, wie man leben soll, um zu betrachten, und wie man lebt, wenn man betrachtet: leben, um anzubeten und in Anbetung zu leben; leben im Hören auf die Frohe Botschaft und sie verkünden.

Das Evangelium ist nicht nur das Buch des lebendigen Herrn, sondern auch das Buch des Herrn, den man leben soll.

Von diesem Augenblick an war es mir nicht mehr möglich, das Evangelium zu zerstückeln: die Beispiele, die Jesus uns gegeben, die Forderungen, die er aufgestellt hat, die Taten und die Anliegen, welche gewissermaßen die beiden Hauptgebote prägen, von denen das zweite nur deshalb so groß ist, weil es dem ersten gleich ist.

Es war mir auch nicht mehr möglich, ein Leben zu wählen, in dem die Räte und Gebote des Evangeliums nicht auf die nötige Offenheit und Verfügbarkeit träfen, welche die Liebe erfordert, um ihre eigenen Gaben einzusetzen. (1957)

Ein grundlegender Text! Ein beredsames Zeugnis für das, was von nun an Madeleines Leben und ihren Einsatz ausmachen wird. Die Evangelischen Räte in das Leben eines Laien einbringen heißt, sich den Seligpreisungen in vollkommener Selbsthingabe zu weihen, nicht, um abgesondert von der Welt zu leben, sondern in der Welt. Das ist das Programm, der Leitgedanke, der bald zutagetreten und sich auf eine Weise entwickeln wird, die Madeleine nicht vorhersehen konnte. Deshalb wählte sie einen Beruf, der sie für andere verfügbar machen würde, den Beruf der Sozialarbeiterin. Im Oktober 1931 beginnt sie ihre Ausbildung an der École Montparnasse.

Die Ereignisse greifen nun schnell ineinander. Während eines Ferienlagers vertrauen mehrere Teilnehmerinnen, ohne sich vorher abgesprochen zu haben, Abbé Lorenzo ihren Wunsch an, eine kleine Caritas-Gruppe zu gründen, die ein „Familienleben" führt. Jede würde selber für ihren Lebensunterhalt sorgen und das Alltagsleben der Menschen teilen. Sie wollten in der Pfarrei helfen. Weder der Pfarrer noch Madeleine sind davon begeistert, einen Versuch zu wagen. Bisher hatte sie keinen Weggang unter diesen Bedingungen ins Auge gefaßt. Wenn die Lebensweise, die sie suchte, in einer Gruppe gelebt würde, fiele das so aus dem Rahmen des Üblichen, daß es in christlichen Kreisen wohl nur mit Argwohn betrachtet würde.

Versetzen wir uns zurück in die dreißiger Jahre. Die einzige Form eines Gemeinschaftslebens im Namen des Evangeliums war damals das Ordensleben. Es sollte noch lange dauern, bis die Idee einer Gemeinschaft, die sich nicht in diese strengen Normen fügte, Wirklichkeit wurde. Der sogenannte Weg der Vollkommenheit, seit Jahrhunderten erprobt und in der kirchlichen Tradition verwurzelt, war durch genaue Vorschriften geregelt. Der Ordenschrist flieht entschlossen das, was ihn von dem „einen Notwendigen" ablenken könnte. Er zieht sich aus der Welt zurück, verläßt seine Familie, unterwirft sich dem Obern, lebt in Armut und Schweigen. Das gemeinsam gebetete Offizium bestimmt den Tagesrhythmus. Für Tausende gottgeweihter Christen war dies der Weg zur Heiligkeit gewesen. War es nicht vermessen, ja geradezu gefährlich, von ihm abzuweichen und ganz andere Wege einzuschlagen? Konnte man diesen Rahmen sprengen, ohne den Anschein zu erwecken, den Geist der Ganzhingabe an Gott zu verraten?

Madeleine war nicht die einzige, die sich in dieser Zeit der Begeisterung für das Apostolat, in der so viele Berufungen und neue Institutionen entstanden, solche Fragen stellte. War es möglich, mitten in einer Welt zu leben, die den Geist der Seligpreisungen Christi nicht kannte, oder mußte es klare Regeln und Vorschriften geben, die einen von dieser Welt fernhalten? Madeleines Verständnis vom Geist des Apostolats verlangte eine größere Anpassungsfähigkeit und Verfügbarkeit; es galt, neue Formen eines gemeinschaftlichen gottgeweihten Lebens zu finden.

Die Idee war jedenfalls in Gang gebracht. Zunächst drei, dann zehn Gruppenleiterinnen schließen sich zusammen, um sich auf eine derartige neue Lebensform vorzubereiten. Sie suchen Orientierung im Evangelium, um zu verstehen, wie ihre apostolische Präsenz inmitten der zeitgenössischen Welt aussehen kann. Es sollte ein treuer Dienst für die Kirche sein, getränkt von dem gleichen kontemplativen Lebensstrom wie das Leben von Ordenschristen. Von vornherein steht der Entschluß zu beständiger Ehelosigkeit fest, ebenso der Wille, ein einfaches Leben unter den Menschen zu führen, ohne Schranken und ohne Methode. Sie wollen mit bescheidenen Mitteln das Wesentliche des christlichen Lebens verwirklichen. Dabei berufen sie sich gern auf den Geist von Charles de Foucauld und Therese von Lisieux.

Aber die Gruppe will sich nicht auf ein unverantwortliches Abenteuer einlassen. Man fragt sich, ob sich ihr Plan nicht im Rahmen bestehender Institutionen realisieren läßt. Sie holen bei verschiedenen kirchlichen Stellen Rat, bitten den Erzbischof von Paris, Kardinal Verdier, um seine Meinung und werden von ihm ermutigt, im Laienstand zu bleiben. Im Grunde hatten sie das gewünscht.

In einer Pfarrei, in Saint-Dominique, war sich die Gruppe „Caritas" des Elends der Welt bewußt geworden. Deshalb denkt sie zunächst daran, sich in einer Pfarrei niederzulassen, um dem Klerus bei seinen Aufgaben zu helfen. Für diese jungen Frauen, die offiziell von der kirchlichen Jurisdiktion unabhängig sind, ist das zugleich eine Möglichkeit, öffentlich zu zeigen, daß sie an die Kirche gebunden sind.

Zuerst wird der Aufenthalt in einer Pfarrei in der näheren Umgebung von Paris ins Auge gefaßt. Abbé Lorenzo, zu dieser Zeit geistlicher Leiter der Gruppe, begibt sich an die Ausarbeitung eines Statuts. Von Anfang an wird bestimmt, daß es sich weiterentwickeln kann, was aber nicht daran hindert, daß es verbindlich ist. Die Ablehnung von Strukturen bedeutet nicht Laxheit; fehlende Übereinstimmung mit traditionellen Formen heißt nicht Leichtfertigkeit. Als Laien, als einfache Christinnen, die durch ihre Taufe mit Jesus Christus verbunden sind, denken sie nicht daran, Gelübde zu machen, aber sie wollen die Weisungen des Evangeliums in die Mitte ihres Lebens stellen.

„Geh, verkaufe alles, was du hast …“ Weder für sich selbst noch für die Gemeinschaft besitzt man Eigentum. Weil man kein bestimmtes Werk noch ein Unternehmen unterhält, das Geld einbrächte, muß man von Tag zu Tag das Lebensnotwendige verdienen. Alles wird der Gemeinschaft zur Verfügung gestellt, und diese versucht, es mit den Ärmsten zu teilen. Um mit dem Leben des Viertels und den Leuten aus der Nachbarschaft verbunden zu bleiben, geht man vorzugsweise bescheidenen Beschäftigungen nach. Auf keinen Fall geht es darum, Karriere zu machen. Das gemeinsame Leben ist auf die gegenseitige Liebe gegründet und auf ein intensives Gebetsleben, das meistens in der Stille gelebt wird. Einzig das Schriftgespräch wird gemeinsam gehalten. Jede Woche wird ein Abend dafür angesetzt, um gemeinsam das Wort Gottes zu betrachten und das Leben danach einzurichten.

Die täglichen Kontakte werden durch den ständigen Blick auf den gehorsamen Christus erhellt. Die einfachen Leute haben meist eine Reihe von Vorgesetzten, denen sie zu Gehorsam verpflichtet sind. Die Gemeinschaft um Madeleine möchte ebenso den Gehorsam praktizieren: Dienstherren, Freunde und Nachbarn, Situationen und vor allem das gemeinsame Leben werden als „Kanäle“ betrachtet, durch die sich der Wille Gottes kundtut. In der Gruppe hilft eine Verantwortliche zur notwendigen Unterscheidung, um schwierige Entschlüsse zu fassen. Demut soll die wesentliche Tugend sein. Die Gruppe darf sich nicht wichtig nehmen. In einem Brief aus dem Jahre 1932 schreibt Madeleine Delbrêl:

Die Gruppe in sich ist nichts; ich träume davon, daß sie in der Kirche wie der Faden in einem Gewand sei, der die Stücke zusammenhält, ohne daß jemand es sieht, außer dem Schneider, der ihn eingenäht hat. Wenn der Faden zu sehen ist, ist alles verdorben.

In der Kirche wird alles von der Liebe zusammengehalten. Das einzig Entscheidende ist also, Jesus zu lieben und in seinem Namen diejenigen, unter denen man lebt. Man braucht nicht zu bestimmen, ob man dies oder das tut. Man muß nur Christus nachfolgen, sich ihm angleichen, indem man allen, die eintreten wollen, Herz und Türe weit öffnet.

Dieses dürftige Lebensprogramm, vor allem die ungewisse Zukunft, erregt die Besorgnis der Familien, oder die Bewerberinnen selbst ergreift der Schwindel. Einige werden krank, und als der Plan Gestalt annimmt und die Gründung beschlossen wird, ist die Gruppe von zehn auf drei Mitglieder geschrumpft. Zwar bleibt die lebendige Verbindung zwischen allen bestehen, aber nur noch Suzanne, Hélène und Madeleine finden sich zu den Abschiedsexerzitien ein, die in einem riesigen Saal der Dominikaner von Saint-Maur gehalten werden. Als Abbé Lorenzo das für ihn hergerichtete hohe Podium besteigt, wissen die drei Übriggebliebenen, die in einem Meer von Stühlen verloren sind, nicht recht, ob sie der Rührung nachgeben oder über die Komik der Situation lachen sollen.

Sie werden in Ivry erwartet, um hier die Leitung einer Sozialstation zu übernehmen. Ihre Ankunft ist auf den 15. Oktober 1933, das Fest der heiligen Teresa von Avila, festgesetzt worden. Auf dem Place d'Italie haben sich an der Straßenbahnlinie, die nach Ivry führt, ein paar Freunde mit Blumensträußen eingefunden, um die drei Gefährtinnen zu verabschieden, die sich in eine „andere Welt" aufmachen.

Ivry – eine marxistische Stadt

1933 – 1939

Das Christentum war schon verhältnismäßig früh nach Ivry gekommen; den Chroniken nach soll die erste Pfarrei bereits im letzten Viertel des 8. Jahrhunderts errichtet worden sein. Ivry, einst eine Gemeinde von Landarbeitern und Weinbauern, Ort der Sommerfrische für wohlhabende Pariser, verändert sein Gesicht in der Mitte des 19. Jahrhunderts durch die industrielle Revolution grundlegend. Zählte das Dorf 1801 nur tausend Einwohner, sind es 130 Jahre später annähernd 49.000 …

Ivry besitzt einige Vorzüge, durch die es sich im Zweiten Kaiserreich an die Spitze der aufblühenden Städte stellen konnte: seine Lage vor den Toren von Paris, die Nähe der Seine, der natürliche Verbindungsweg, schließlich die Eröffnung der Eisenbahnlinie nach Orléans im Jahre 1843. Die Gemeinde ist geradezu prädestiniert, als Warenlager für die Hauptstadt zu dienen, und zugleich nimmt die Industrialisierung einen beachtlichen Aufschwung. Dort wie im ganzen Pariser Umland drängt ein schier endloser Strom von Männern und Frauen aus ganz Frankreich in die Fabriken, die „Kultstätten“ der modernen Zeit. Die Neuankömmlinge wissen nichts von der Welt, in die sie hineingeraten. Sie haben wenig Geld, kaum Freunde und werden eine leichte Beute der großen Fabriken, die einen enormen Bedarf an ungelernten, aber vielseitig verwendbaren Arbeitskräften haben, die schlecht bezahlt werden.

Dies ist keine düstere Übertreibung des Elends, sondern eine nüchterne Beschreibung der Lage des Proletariats in den ersten

Jahrzehnten der Industrialisierung. An seinem tragischen Los hat sich bis kurz vor dem Zweiten Weltkrieg wenig geändert. Die Arbeitstage sind endlos lang, Ruhepausen Seltenheit, Urlaub, Krankenversicherung und gesicherter Ruhestand Fremdwörter. Man kann sich heute kaum noch vorstellen, in welchem Maß die Arbeiter ausgebeutet wurden. Ein Beispiel. Abbé Arnold Brémond, der bereits als Theologiestudent die Wirklichkeit des Arbeitslebens kennenlernen wollte, ließ sich zwischen 1925 und 1927 in verschiedenen Fabriken bei Paris einstellen, vor allem in Ivry. Er berichtet:

Die Bedingungen des Arbeitslebens waren entsetzlich. Wir arbeiteten elf bis zwölf Stunden am Tag. Keine Sozialversicherung: Ich habe eine Mutter von drei Kindern an einer einfachen Blinddarmentzündung sterben sehen, weil ihr Mann die Operation nicht bezahlen konnte, und einen Vater mit Tuberkulose, der seine Lungen aushustete und seine Frau und seine fünf Kinder ansteckte, weil er sich kein Sanatorium leisten konnte.

Eines Tages suchte ich Arbeit und las einen Anschlag: „Ausfeger gesucht". Ich trat ein, erledigte die Formalitäten, verlangte einen Besen und daß man mir die Arbeit zeigte. Man sagte mir verlegen, daß ich nur für ein paar Tage zum Reinigen von Scheinwerfern in Schwefelsäure geschickt würde, bevor ich mit der mir zugedachten Arbeit beginnen könne. Ich wurde in einen kleinen Raum ohne Lüftung geführt, in dem ein Dutzend hustende Frauen saßen. Ich begriff den Grund: Mit Gummihandschuhen nahmen sie die Scheinwerfer und tauchten sie in einen Bottich von zweihundert Litern Schwefelsäure. Die Handschuhe, die ich erhielt, waren so durchlöchert, daß ich mir mehrere Finger schwer verätzte. Am dritten Tag hatte meine Kleidung bereits Löcher. Am fünften Tag waren meine Lungen angegriffen. Ich erfuhr sodann, daß all diese Frauen ohne Ausnahme als Ausfegerinnen provisorisch eingestellt worden waren. Ich verließ die Fabrik als Kranker.

Etwas später arbeitet er in einer Fabrik der Elektro-Industrie, wo Porzellanisolatoren in Öfen gebrannt wurden.

Um sie herauszuholen, mußte man in die Öfen greifen, die noch auf 80 Grad erhitzt waren ...

Der junge Student lernt auch die Unterkünfte seiner Arbeitskameraden kennen:

Ich nahm Wohnung in Ivry-Port in einer Unterkunft für Arbeiter, die schmutzig und im Winter ungeheizt war. Sie war hauptsächlich von jungen Ehepaaren bewohnt. Da mehrere nicht, wie verlangt, eine Woche im voraus bezahlen konnten, stellte man ihnen Wasser und Elektrizität ab. Und dann wollte man keine Kinder. Ich sah im Februar, als es schneite, wie eine junge Frau und ihr Mann auf die Straße gesetzt wurden, weil sie schwanger war ... In der Zone des Festungsgürtels hausten Tausende von Menschen im Schlamm unter Wellblechplatten in armseligen Baracken.

Als Gegenstück erfährt Arnold Brémond mit Bewunderung Gesten echter Brüderlichkeit unter Kameraden. Ein Kollege, der wußte, daß er für einige Tage außer Haus sein würde, spricht ihn an: „Ich habe einen Freund, der seit vierzehn Tagen arbeitslos ist. Ich habe entdeckt, daß er im Freien schläft, und du weißt, wie kalt es ist. Leih ihm doch deine Bude.“ Brémond überläßt ihm die Wohnung ...

Bei meiner Rückkehr war der Bursche auf und davon. Er hatte all meine Sachen mitgenommen: Hemden, Socken, Hosen, alles. Am nächsten Morgen erzählte ich den Arbeitskameraden die Geschichte. Und was finde ich am Abend, als ich von der Arbeit zurückkomme, vor meiner Tür? Sieben oder acht meiner Kameraden, jeder mit einem Paket unter dem Arm: neue Hemden, neue Socken, Hosen usw. Ich habe daraus etwas über die Brüderlichkeit in der Arbeitswelt gelernt, was ich nicht geahnt hatte, ich, der ich mir vorgestellt hatte, nur die Christen würden sich untereinander helfen! Ach! Ach!

1940 ergeben Umfragen, daß immer noch Familien von fünf, sechs oder sieben Personen in einem einzigen kleinen Zimmer zusammenwohnen, das als einzige Lüftung eine Dachluke hat. Oft werden die möblierten Zimmer doppelt vermietet und die Betten abwechselnd von den Arbeitern der Tag- oder Nachtschicht gebraucht. Ist es da verwunderlich, daß in Ivry-Port, dem dichtestbesiedelten Industrieviertel der Stadt, in den dreißiger Jahren auf 15.000 Einwohner 2.000 Tuberkulosekranke kommen? Auch der Alkoholismus hat verheerende Auswirkungen. In den Kneipen versucht mancher, sein Unglück zu vergessen, und findet ein wenig menschliche Wärme.

Diese entwurzelte Bevölkerung, durch harte Lebensbedingungen zermürbt, bricht mit dem Glauben ihrer Väter. Nur die großen kirchlichen Zeremonien werden beibehalten: Taufe, Erstkommunion, Trauung und Begräbnis. *Chrétien – ancien:* Für die Neuankömmlinge von Ivry reimt sich „christlich" auf „alt": Die Kirche Peter und Paul, ein schönes, jahrhundertealtes Gebäude im alten Viertel im Zentrum, ist das sprechende Symbol für den Fortbestand des Alten. Die Gläubigen stammen zum größten Teil aus der relativ gutsituierten alteingesessenen Bevölkerung von Ivry. Sie begreifen wenig von der soziologischen Bedeutung und von dem Anruf des Evangeliums bei dieser ungeheuren Umwandlung, die sich um sie her vollzieht. Sicher sind sie nicht alle reich, es gibt viele Kleinhändler, Handwerker, Angestellte und sogar Arbeiter unter ihnen, aber in den Augen der Proletarier, ihrer neuen Mitbewohner, verkörpern sie das Bürgertum, und zwar im wörtlichen Sinne: Bewohner der Burg, der Stadt, während die Arbeiter nur entwurzelte Leute vom Lande sind.

Das gegenseitige Unverständnis vertieft den Graben, der schon zuvor zwischen eingesessenen Bewohnern von Ivry und Zugezogenen bestanden hatte. Der Sozialismus erfaßt die Masse und verschärft die Entfremdung. Er zeigt den Benachteiligten andere Gründe zur Hoffnung und einen neuen Glauben. Er spricht von sozialer Gerechtigkeit, wo die Christen nur von Wohltätigkeit reden; er kämpft für die Menschenwürde zu einer Zeit, wo in den Kirchen allzuoft über die Hinnahme einer „Naturordnung" gepredigt wird. Die Arbeiter spüren, daß die politischen Kämpfer ihr Elend aufmerksam verfolgen und ihnen nahestehen. So sehen sie die Reaktionäre, die Reichen, die Klerikalen und die Christen wie Verbündete.

Zunächst fassen republikanische Ideen Fuß in Ivry. 1870 wird Philibert Pompée zum Bürgermeister von Ivry gewählt. Bald beherrschen Laizismus und Antiklerikalismus die öffentliche Meinung der Stadt. Gegen die Kirche wird ein erbitterter Kampf geführt: Kürzung der Gehälter für die Geistlichen, Abschaffung der „religiösen Zeichen, die den öffentlichen Verkehr stören", Verbot für den Klerus, in Chorkleidung auszugehen usw. 1904 besteht der revolutionäre sozialistische Gemeinderat auf seiner Weigerung, eine Kultstätte in Ivry-Port errichten zu lassen und beteuert: „Die Bevölkerung von Ivry hat sich von den Spitzfindigkeiten der Kirche befreit und läßt nur noch die Dogmen gelten, die auf wissenschaftlichen Tatsachen und dem gesunden Menschenverstand beruhen. Die Stadt Ivry ist für die Grundsätze des freien Denkens vollständig gewonnen worden."

Im nächsten Jahr werden die Räume des Pfarrhauses infolge der gesetzlichen Abschaffung der Kircheneinnahmen in einen Kinderhort umgewandelt. Bis in die kleinsten Einzelheiten des täglichen Lebens versuchen die Behörden von Ivry, „das Religiöse zurückzudrängen" und den revolutionären Mythos zu verherrlichen. Die Christen von Ivry fühlen sich angesichts der heranbrandenden Menschenflut und der feindseligen Haltung der Stadtverwaltung in die Defensive gedrängt. Madeleine Delbrêl schreibt dazu: „Eine zeitgenössische Bevölkerung, die sich aus Menschen aller Gegenden Frankreichs rekrutiert, hat die Stadt sozusagen erobert, und die ursprünglichen Bewohner sind zu Fremden geworden."

Die Kirche wird sich langsam bewußt, daß sie immer mehr an den Rand gedrängt wird, und reagiert in den ersten Jahren des Jahrhunderts mit der Schaffung sozialer Einrichtungen und Initiativen: Schulen, Pfarrheime, Jugendorganisationen, Veranstaltungen für Männer und Frauen, Kreise für Jugendliche und Soldaten, Kindergärten, Ferienlager, soziale und finanzielle Unterstützung, Arbeitertreffs usw. sollen eine Alternative zu den antireligiös ausgerichteten Strukturen der Behörden bilden.

Obwohl sich die Kirche dadurch den neuen Gegebenheiten des modernen Ivry öffnet, birgt es doch eine Gefahr: Die Kirche und ihre Organisationen könnten zu einer Art Gegen-Gesellschaft werden. Und genau das trifft ein. Wohl beschützt in ihren eigenen Kreisen, denken viele Christen nicht daran, einen Schritt nach draußen zu tun, und so bleibt ihr Einfluß auf die übrige Bevölkerung beschränkt. Immerhin sind die Gründung einer zweiten Pfarrei im Jahre 1910 (Heilig-Kreuz von Ivry-Port) und einer dritten im Jahre 1927 (Unsere Liebe Frau von der Hoffnung, auf der Anhöhe gelegen) ein Zeichen, daß die Seelsorge unter den Arbeitern Fortschritte gemacht hat.

DIE „HAUPTSTADT“ DER KOMMUNISTISCHEN PARTEI

Nach dem Ersten Weltkrieg folgt das kurze Zwischenspiel einer „unpolitischen“ Stadtverwaltung. 1925 wird dann Georges Marrane der erste kommunistische Bürgermeister von Ivry. Die Hauptsorge der Partei besteht nun darin, ihren Einfluß auf die Unternehmen und die Wohnviertel auszudehnen. Bis 1932 hat sich die Zahl ihrer Anhänger verdreifacht. Durch diesen außerordentlichen Aufschwung, der die Entwicklung in den Nachbargemeinden in den Schatten stellt, wird Ivry zur „politischen Hauptstadt“ der Kommunistischen Partei Frankreichs, und bald läßt sich ihr einflußreicher Generalsekretär Maurice Thorez dort nieder.

Der Wahlsieg von Marrane löst unter den furchtbar schokkierten Katholiken zunächst eine wahre antikommunistische Massenpsychose aus. Die apokalyptischen Berichte vom Schicksal der Gläubigen unter den russischen Bolschewisten sind in aller Gedächtnis. Und hat nicht überdies der Bürgermeister es für gut befunden, an den öffentlichen Gebäuden die Trikolore durch flammendrote Fahnen zu ersetzen? Hat er nicht die Ziviltaufe, eine alte Tradition mancher Stadtverwaltungen, wieder zu Ehren gebracht? Außerdem werden die Christen einer „gesonderten Behandlung durch die Behörden“ unterworfen. Ihre Gesuche um Unterstützung, eine Wohnung oder Niederlassung werden eigens behandelt. Manche Familien bekommen Schwierigkeiten, weil ihre Kinder die Pfarrschulen besuchen.

Dennoch bahnten sich in dieser Atmosphäre, die Züge eines verkappten Bürgerkriegs trug, auch Wege einer „möglichen Begegnung“ an. Im Verlauf von Konferenzen, bei denen beide Seiten zu Wort kamen, haben sich die Gegner kennen- und achten gelernt. Verantwortungsbewußte Christen verlassen das selbstgemachte Ghetto und halten Reden in der Öffentlichkeit. Die

Kirche, die sich mehr und mehr der sozialen Lage der Stadt bewußt wird, verstärkt ihre Tätigkeit unter den Arbeitern.

Ihrerseits wollen Georges Marrane und seine Gefolgschaft nicht den alten Antiklerikalismus weiterführen, der sich vor dem Krieg als untauglich für die Überwindung der „christlichen Frage" erwiesen hatte. Wenn die kommunistischen Führer sich auch nach wie vor zum kämpferischen Atheismus bekennen, so vermeiden sie künftig die offene Provokation. Auch dies zeugt davon, daß die Kirche in dem bevorzugten Feld revolutionärer Agitation, in der Arbeiterwelt, stärker Fuß faßte und daß man nun mit den Christen rechnen mußte. Zum allgemeinen Wohl mußte man die nutzlosen Kämpfe aufgeben, und der Bürgermeister verstand das sehr schnell. Er ließ sogar die Kirche restaurieren, wofür ihm der Pfarrer von der Kanzel herab feierlich Dank abstattete.

Als Unbekannte zu Ostern 1932 eine rote Fahne auf dem Kirchturm von Ivry hissen und die Mauern des Gebäudes mit einem riesigen „Nieder mit dem Krieg!" beschmieren, beschwert sich der Pfarrer beim Bürgermeister. Nachdem er mit ihm gesprochen hat, zieht er den Schluß: „Das ist jetzt alles vorbei … An diesem Ostermorgen lasen wir im Evangelium den Gruß des auferstandenen Christus …; unsere Glocken ließen mit vollem Klang den gleichen göttlichen Wunsch über Ivry erschallen: ‚Friede sei mit euch allen!' Nieder mit allen Kriegen! Und besonders mit dem Krieg unter Mitbürgern!"

Diese Episoden dürfen allerdings nicht darüber hinwegtäuschen, wie tief das Unverständnis zwischen den einen und den anderen blieb. 1933, als Madeleine sich mit ihren beiden Gefährtinnen in Ivry niederläßt, und noch auf viele Jahre hinaus bleibt die Spannung bestehen, und die meisten Christen wagen sich kaum aus ihrer Zurückhaltung heraus.

„IN IVRY ERWARTETEN MICH ÜBERRASCHUNGEN"

Madeleine, Suzanne und Hélène ziehen nach Ivry, um schlicht und einfach zu „bezeugen, daß die Liebe Christi sich nicht aufhalten läßt". Sie wissen wenig von der Situation der Arbeiter und vom Marxismus: „Die rote Fahne wehte über dem Bürgermeisteramt, und ich wußte nicht, was sie wirklich bedeutete." Sie wissen nur, daß es hier Ungläubige und Arme gibt und daß die kleine Pfarrei, zu der sie gehören, die zuletzt gegründete Gemeinde Saint Jean-Baptiste, auf ihre Mitarbeit zählt.

Das Haus, in dem sie Unterkunft finden, heißt ein wenig hochtrabend „Zentrum der Sozialarbeit". Es ist ein neuer kleiner Betonbau, etwas außerhalb auf der Anhöhe von Ivry, fast verloren zwischen Schrebergärten, Steinbrüchen und einigen wenigen anderen Behausungen, die durch ungenau abgegrenzte Grundstücke, Höfe und Fabriken voneinander getrennt sind. In diesem Außenbezirk haben sie nicht viele direkte Nachbarn: Italiener, alte Bewohner des Festungsgürtels. Das Haus ist nicht besonders groß: zwei Empfangszimmer unten, vier Zimmer im ersten Stock. Man hatte schnell und billig gebaut. So gibt es schon in den ersten Tagen manche Überraschungen, von denen Madeleine mit viel Humor erzählt: Rohrbrüche in der Wasserleitung, Überschwemmungen, ein Defekt in der Gaszufuhr …

Und dabei ist das Feuer Sinnbild der Liebe! Wenn der Herr soviel Mühe hat, sein Feuer zu entzünden, wie wir das unsere, darf man sich wahrlich nicht wundern, daß die Heiligen nicht scharenweise auf der Straße herumlaufen! Sogar der Petroleumofen streikt! – Ein sintflutartiger Regen verleiht der Anhöhe eine fast venezianische Note, was ihr gut steht: Gern würden wir eine Gondel mieten, um zur Messe zu kommen!

Als ehemalige Pfadfinderführerinnen bewahren sie auch in solchen Momenten ihre gute Laune. Sie sind nach Ivry gekommen mit dem festen Willen, ihr Leben nach dem Evangelium auszurichten. Doch sie waren wohl kaum darauf gefaßt, daß diese unbekannte Welt ihr Leben so tiefgreifend ändern würde. Das Hauptanliegen, das sie beseelt, die Liebe, sprengt alle überkommenen Vorstellungen. Wenn man in dieser Stadt für Gott leben wollte, muß man vieles mit neuen Augen sehen lernen und sich von starren Vorschriften und Gewohnheiten frei machen. Die drei jungen Frauen begreifen, daß sie die Bedeutung von Schweigen, Gehorsam und Armut ganz neu entdecken müssen.

Die Armut ist zweifellos am leichtesten zu üben. Sie besitzen fast nichts, und das Wenige, was sie haben, steht allen zur Verfügung. Armut und Verfügbarkeit besagen, daß die Tür allen offensteht. Und wenn man selbst durch diese Türe hinausgeht, um dem anderen zu begegnen, dann tritt er in das eigene Leben ein, stößt die Regeln und Kategorien um, erschüttert alle theoretischen Vorausberechnungen.

Mit der Zeit entwickeln sie ein feineres Gespür für Dinge und Verhaltensweisen, die unnötig auffallen könnten. Sie legen ihre Pfadfinderkleidung ab, den Umhang und die Mütze im Stil von Baden-Powell. Als man sie eines Tages fragt, ob sie einen Kranken im Haus hätten, weil sie immer in gedämpftem Ton sprächen, geben sie diese Gewohnheit auf. Die Gebetszeiten richten sich nach der Tätigkeit einer jeden. Am Gebet ist ihnen viel gelegen; es durchdringt das ganze Leben, ist ein Rückhalt in allen Ereignissen und Begegnungen. Nach einer Formulierung, die den geistlich orientierten Menschen von damals teuer war, wollten sie „der Welt sterben", ohne sie jedoch zu verlassen. Aber die neue Welt, die sie umgibt, schreibt ihnen die Bedingungen dieses Sterbens vor.

Von den ersten Wochen an unterstützen sie die Tätigkeit des „Zentrums der Sozialarbeit". Die Arbeitsgruppe – eine Sozialarbeiterin in der Ausbildung, eine Krankenschwester, eine Kindergärtnerin – beteiligt sich vertragsmäßig an den Aufgaben der Pfarrei: Jugendschutz, Religionsunterricht, Familienfeste, Musikabende, Studienzirkel. Diese lebendigen, dynamischen Gruppen werden bald zum Treffpunkt für die Bewohner, vor allem für die Jugendlichen des Viertels. Im Lauf der Zeit bilden sich Freundschaften.

All das scheint zunächst dem zu entsprechen, was man gesucht hat. Indessen drohen die Aufgaben in der Pfarrgemeinde sie ganz in Beschlag zu nehmen. Die Pfarrei, „eine kleine Herde, glücklich in ihrem Glauben, unerklärlich für den, der nicht dazugehört", hält sie von dem Teil der Bevölkerung fern, den sie erreichen und kennenlernen möchten. Sie stoßen sich an der unsichtbaren Grenze, welche die Welt der Christen von jener der Gleichgültigen trennt, die überwiegend von der Kommunistischen Partei beeinflußt werden.

Schon bei ihrer Ankunft hatten Bekannte ihnen eine Liste „wohlwollender" Geschäftsleute zukommen lassen, bei denen man einkaufen sollte; auf einer anderen Liste waren diejenigen aufgeführt, zu denen man nicht gehen könne, ohne die „gute Sache" zu verraten.

Glücklicherweise fördern die Tätigkeiten von Madeleine und ihren Freundinnen die Kontakte. Man muß zuhören können, das Leben beobachten, vorgefaßte Meinungen beiseiteschieben, Gelegenheiten zum tieferen Kennenlernen wahrnehmen, durch Sympathie und gegenseitige Wertschätzung Freundschaft schließen. Manchmal sind es gleichsam zufällige Begebenheiten, die es ermöglichen, Marksteine auf dem Weg zu setzen. So bei jenem Mann, dem ersten Krebskranken, zu dessen Pflege sie gerufen werden und der sie kühl empfängt. Er ist dem Tode ganz nahe. Kameraden haben ihm die Zeitschrift *l'Humanité* gebracht. Seine kranke Frau ist im Hospital. Er ist allein und mißtrauisch. Man spricht von Birnenkompott, und das Klima entspannt sich. Als sie am nächsten Morgen mit Bouillon und Kompott wiederkommen, ist er tot. Sie kleiden ihn an. Eine Nachbarin erscheint weinend, bald sind um sie herum viele aus dem Viertel. „Er hätte nie gewollt, daß die Blumen auf seiner Brust in Kreuzesform angeordnet würden." Sofort legen sie sie anders zurecht.

Ein paar Tage danach bittet eine Sozialassistentin, die in mehreren Fabriken arbeitet, Madeleine um die Gefälligkeit, ein Paket mit Kleidungsstücken abzugeben. Sie händigt es dem kleinen Jungen aus, der die Tür öffnet, und geht wieder hinunter. Am Fuß der Treppe angekommen, hört sie eine wütende Stimme: „Mit solchen Paketen will ich nichts zu tun haben. Weg damit!" Und schon ergießt sich der Inhalt über die Stufen. Alles ist schmutzig, abgenutzt. Voller Bestürzung, ohne zu wissen, wie sie es wiedergutmachen kann, läuft sie nach Hause und rafft alles zusammen, was sie an Geld findet; bald kommt sie mit einem Strauß roter Rosen zurück, die sie dem kleinen Jungen in den Arm drückt, um schnell wieder zu verschwinden. Aber man ruft sie zurück: „Mademoiselle, Mademoiselle, kommen Sie wieder herauf, treten Sie bitte ein!" Madeleine findet eine weinende Frau, ihren Blumenstrauß in der Hand; auch das ist der Beginn einer beständigen Freundschaft.

Der Hausherr, ein kämpferischer Kommunist, gibt ihr den ersten Unterricht über die Geschichte und die Arbeit der Partei. Eines Tages spricht er mit ihr über das, was sie glaubt und tut, und sagt: „Wenn das die Liebe ist, dann will ich gern, daß man über die Liebe spricht."

DIE GROSSE KRISE

Der 25. Oktober 1929 ist durch den Zusammenbruch der New Yorker Börse als „Schwarzer Freitag" in die Geschichte eingegangen. Eine beispiellose wirtschaftliche und industrielle Krise erschüttert die Grundfesten des amerikanischen Kapitalismus. Die Folgen dieses Zusammenbruchs waren Millionen von Arbeitslosen und ein rapider Verfall des Staatseinkommens in den Ländern jenseits des Ozeans, mit Auswirkungen in aller Welt. Frankreich, durch seine Zollgesetze und seine traditionell ländliche Struktur relativ geschützt, wurde Ende 1931 ebenfalls von der Krise erfaßt. Die radikalen Regierungen, die seit 1932 einander ablösen, verfolgen eine Politik der Aufwertung. Die Preise sinken, die Arbeitgeber schränken die Produktion ein, die Arbeitslosigkeit nimmt zu. 1933 gibt es 300.000 Arbeitslose. Ohne die ernsten Ausmaße wie zum Beispiel in Deutschland anzunehmen, traf die Krise die Volksmassen Frankreichs empfindlich.

Als Sozialarbeiterin erlebt Madeleine die Krise hautnah. Jetzt geht ihr das ganze Elend der Arbeiter auf, sie erfährt von den ungerechten Löhnen und den oft unmenschlichen Lebensbedingungen. Seit den von Arnold Brémond geschilderten Zeiten hat sich kaum etwas geändert. Man arbeitet bis zu zwölf Stunden am Tag, nur der Sonntag ist ein Ruhetag. Die Wohnungen sind alt und eine Gefahr für die Gesundheit. Die Lage der Frauen ist bedrückend. Weil der Lohn der Männer nicht ausreicht, sind auch sie zur Fabrikarbeit gezwungen, und nebenher müssen sie noch den Haushalt besorgen. Es ist die Zeit der Kohleöfen und des kalten Wassers in der Ausgußrinne, wenn nicht gar auf dem Treppenabsatz. Die Wäsche wird Stück für Stück im Haus oder in der Waschküche mit der Bürste geschrubbt. Beihilfen für die Familien oder eine wirksame Sozialversicherung gibt es nicht. Krank zu werden ist eine Katastrophe, von den Behandlungskosten kann man sich selten erholen.

Madeleine ist erstaunt über die fatalistische Gleichgültigkeit der Gläubigen von Ivry: Angesichts des Skandals der sozialen Ungerechtigkeit meinen sie, ihre Pflicht zur brüderlichen Solidarität hinreichend zu erfüllen, wenn sie sich für wohltätige Zwecke einsetzen. Die christlichen Arbeitgeber ihrerseits denken nicht daran, die vorgeblich unveränderlichen Zustände, aus denen sie ihren Nutzen ziehen, zu hinterfragen.

Gewiß, die Päpste Leo XIII., Benedikt XV. und Pius XI. haben die Ausbeutung der Arbeiterklassen angeprangert, aber ihre Lehre hat kaum Gehör gefunden und die Haltung der herrschenden Klassen nicht verändert. Dagegen hat sich die Kommunistische Partei zum wirksamen Vorkämpfer der Proteste und Aufstände des Proletariats gemacht. Sie allein organisiert den Kampf und beflügelt seine Hoffnungen.

Madeleine gewinnt einen tieferen Einblick in die politische Situation. Ivry ist von der Partei der Proletarier beherrscht, deren Kampf zu einer ständigen Herausforderung, zu einer Provokation wird. Jeden, der sich wie sie der Sache der Armen annehmen will, muß dies nachdenklich stimmen. Am 6. Februar 1934, dem Tag, an dem Paris sich erhebt und die parlamentarische Regierung in ihren Grundfesten erschüttert wird, notiert sie in ihrem Tagebuch: „Auf der Straße ist es heute morgen unruhig. Kleine Gruppen stehen beieinander und reden, Männer, Jugendliche. Die Polizei ist da. Die Italiener, die über die Abschaffung einer Volksspeisung aufgebracht sind, bereiten eine Demonstration vor."

In Paris scharen sich Kriegsveteranen und rechtsgerichtete Kämpfer vor der Brücke der Concorde und drohen zweimal, die Absperrung zu durchbrechen und die Abgeordnetenkammer zu stürmen. Es fallen Schüsse; Tote werden fortgetragen. Auch viele Kommunisten sind auf den Straßen, um gegen eine Regierung zu protestieren, die in den Stavisky-Finanzskandal verwickelt ist und keine Anstalten macht, sich um die Lage der Arbeiter zu kümmern. Auf den Boulevards verbinden sich die Klänge der Marseillaise mit der Internationalen zu einer sonderbar anmutenden Mischung. Am 12. Februar schließen sich auf dem Platz der Nation Sozialisten und Kommunisten bei einer Kundgebung zusammen – eine Art Vorbote der Volksfront, die bei den Wahlen von 1936 den Sieg davontragen wird.

Der militante Atheismus der Kommunisten und die Haltung einer auf Selbstverteidigung bedachten christlichen Gemeinde führen in Ivry zu dauernden Auseinandersetzungen und Rivalitäten. Einige bedauern zwar den Abgrund von Feindseligkeit, aber der Wunsch, die Gräben zu überwinden, ist auf beiden Seiten so sehr vom Willen durchsetzt, die anderen zu bekehren, daß eine wirkliche Annäherung unmöglich ist.

Wie sollte man reagieren, was sollte man tun in diesem gespaltenen Land, in einer Stadt wie Ivry, wo der Streit zwischen Kommunisten und Christen meistens in Beschimpfungen ausartet? Madeleine klammert sich an das Evangelium. Hier allein erkennt sie, wie sie den Grundsätzen der Liebe entsprechend handeln soll. Am 17. März 1939 schreibt sie:

> Das Evangelium ist unser Licht. 2.000 Jahre komplizierter Überlegungen machen es zuweilen schwer verständlich. Nur eines zählt: Der Wille Gottes ist Liebe; und man liebt ihn nur, wenn man die anderen liebt.

Ein unerwartetes Ereignis bringt der Gruppe Trost und hilft, die konkrete Wirklichkeit leichter zu bewältigen. Im Januar 1934 wird Abbé Lorenzo zum Pfarrer von Ivry ernannt. Ihm gegenüber können sie ihre Fragen unbefangener äußern und dem Widerspruch auf den Grund gehen, den sie zwischen dem empörenden sozialen Elend und der Gleichgültigkeit der Christen sehen.

Zunächst aber bleibt ihnen für tiefere Reflexionen nicht viel Zeit. Sie haben zuviel zu tun. Madeleine muß ihr Studium abschließen und die Examensarbeit verfassen, mit der sie im November 1936 die Schule für Sozialarbeit als Beste verläßt.

Diese Abschlußarbeit gibt schon die in Ivry gewonnene Erfahrung wieder und wird unter dem Titel „Umfang und Verflechtung der Sozialarbeit“ veröffentlicht. Es gibt immer mehr Jugendgruppen, Ferienlager und Studienzirkel. Da ist alles so fröhlich, so mitreißend, daß man überall davon spricht. Sie gewinnen immer mehr Freunde, die ihre Zeit in Anspruch nehmen.

Zur selben Zeit werden Madeleines familiäre Sorgen größer. Herrn Delbrêls Überspanntheiten nehmen derart zu, daß er seiner Umgebung das Leben unmöglich macht. Auf einem einsamen Spaziergang trifft er Bernadette, eine junge Angestellte, die ihm hilft, den Place Saint-Jacques zu überqueren. Sie ist großmütig, aber schwach und wenig ausgeglichen. Sie bildet sich ein, dem blinden „Despoten“ gehorchen zu müssen, der sie mehr und mehr in Beschlag nimmt und schließlich mit in die Wohnung nimmt. Frau Delbrêl kann das nicht ertragen, Madeleine bewerkstelligt die Trennung. Sie pflegt Bernadette, die krank geworden ist, hilft ihrem Vater, sich in Mussidan einzurichten, wohin er endgültig übersiedelt, und nimmt Bernadette zu sich, die bald darauf stirbt. Frau Delbrêl und Clémentine beziehen eine kleinere Wohnung, näher bei Ivry. Schweren Herzens räumt Madeleine die Wohnung am Place Saint-Jacques aus. „Ich hätte nie gedacht“, sagt sie, „daß es so schwer sein kann, eine Treppe hinunterzugehen.“

Trotz all dieser Sorgen, die manchmal ans Tragische grenzen, führt die Gruppe ein einsatzfreudiges Leben. Madeleine hat die Gabe, auch im grauen Alltag unaufhörlich Freude um sich her zu verbreiten. Die Pfadfindertugenden sind nicht verlorengegangen. Sie und ihre Gefährtinnen haben sich die Vorliebe für ein bewegtes Leben bewahrt, den Sinn für lustige Improvisationen und humorvolle kleine Inszenierungen, die sie sich von Tag zu Tag ausdenken. Indem sie die kleinen Unannehmlichkeiten des täglichen Lebens in Szene setzen und besingen, schöpfen sie Mut zum Durchhalten. Die kleine Gruppe wächst. Im April 1935 mietet sie ein Haus in der Rue Raspail hinter dem Bürgermeisteramt. Durch ihren Fortgang von der Pfarrei und ihre Annäherung an die Stadtmitte gewinnen sie sowohl eine größere Unabhängigkeit wie auch die Möglichkeit zu neuen Erfahrungen.

Die Gründe für diese ungewöhnliche Präsenz von Christinnen, die offenbar nichts anderes wollen, als ihr Herz und ihr Haus allen zu öffnen, die eintreten wollen, werden am besten von denen verstanden, die zu ihnen kommen.

DIE AUSGESTRECKTE HAND

„Gott hat niemals gesagt: ‚Du sollst deinen Nächsten lieben wie dich selbst, ausgenommen die Kommunisten'": so erklärt Madeleine ihre Absicht, mit der Stadtverwaltung von Ivry und den Parteimitgliedern, die sie täglich trifft, ins Gespräch zu kommen. „Es hat sich ergeben, daß die Kommunisten meine Nächsten sind, ... sie sind meine Nächsten geworden, ich hatte keine Wahl."

Statt die Kontakte mit den aktiven Parteimitgliedern zu meiden, wie man ihr geraten hatte, nutzt Madeleine jede Gelegenheit zur Begegnung. Durch ihre Tätigkeit als Sozialarbeiterin ist sie darauf angewiesen, mit den städtischen Dienststellen zusammenzuarbeiten. Sie legt großen Wert darauf. „Als ich mit ihnen arbeitete", sagt sie, „erfuhr ich geradezu einen Schock, eine neue Erkenntnis vom Elend der Arbeiterschaft." Sie nimmt an Versammlungen teil, um sich zu informieren.

Mehr und mehr gewinnt Madeleine die Überzeugung, daß die von beiden Seiten geschürte Feindseligkeit zwischen Kommunisten und Christen den Blick auf das eigentliche Problem verstellt. Mögliche Übereinstimmungen können in diesem Klima gar nicht wahrgenommen werden. Beeindruckt ist Madeleine von der Aufrichtigkeit und der Großmut der Kommunisten, mit denen sie zusammenarbeitet.

Sie ist entschlossen, diese rauhen, aber großherzigen Kämpfer mit ihrem Herzen zu verstehen. Warum sollte man nicht bei den Aufgaben ansetzen, die den einen wie den anderen zum Wohl ein und derselben Bevölkerung aufgegeben sind und die nur gemeinsam in Angriff genommen werden können? Es ist offenkundig, daß die sogenannte soziale Frage von Grund auf geregelt werden muß, wenn man nicht nur große Worte machen will oder die Situation leichtfertig als unabänderlich abtun will. Madeleine hat seit langem die Dringlichkeit einer Veränderung der sozialen Strukturen, einer radikalen Umwandlung der Gesellschaft empfunden. Während der Streiks und des großen Aufstands von 1936 hat sie großes Verständnis für den Kampf der Arbeiter und die Hoffnung, die ihn trägt. Es scheint ihr gerechtfertigt, ja dringend geboten, gegen soviel Ungerechtigkeit zu kämpfen. In dieser Zeit schreibt sie: „Wir müssen die falschen Weisen zu lieben unterscheiden." In diesen Worten kündigt sich bereits die schmerzliche Erfahrung an, die sie machen wird. Es geht um Fragen, die von manchen als Zerreißprobe empfunden wurden und die das kirchliche Leben für drei Jahrzehnte mitprägen werden.

Seit 1935 verfolgt die Kommunistische Partei die Taktik, sich mit anderen Kräften der Linken zu verbünden und ihren Einflußbereich über das Proletariat hinaus auszuweiten. Es weht ein neuer Geist, wo der Patriotismus mit dem Fortschritt und der revolutionären Begeisterung Hand in Hand geht. Die französischen Kommunisten werden flexibler und lernen, dem Verlangen und den Anliegen ihres Volkes stärker Rechnung zu tragen. Die Reden von Maurice Thorez, der sich an der Spitze der Organisation immer besser behaupten kann, sind wahre Triumphe und führen ihm viele Anhänger zu.

Ein paar Tage vor dem Sieg der Volksfront bringt er den Gedanken ins Spiel, eine einzige Front zu bilden, in der Christen und Kommunisten gemeinsam gegen den drohenden Faschismus und die soziale Ungerechtigkeit kämpfen sollten. Das ist der Sinn seiner berühmten Rundfunkansprache vom 7. April 1936: „Wir reichen dir die Hand, Katholik, Arbeiter, Angestellter, Handwerker, Bauer, wir, die wir Laien sind, weil du unser Bruder bist und weil uns die gleichen Sorgen bedrücken."

Nur wenige christliche Gemeinschaften hielten es für nötig, diesen Aufruf zu beantworten. Da es nicht um eine ideologische Annäherung der verschiedenen Positionen, sondern um praktische Ziele – den gemeinsamen Kampf und die gegenseitige Unterstützung – geht, ist Madeleine bereit, auf den Vorschlag einzugehen und zusammen mit anderen Christen der Stadt in diese Richtung aktiv zu werden.

Damals gab es 3.000 Arbeitslose in der Gemeinde, die keine Unterstützung erhielten – ein geeignetes Feld für die neue Zusammenarbeit zwischen Christen und Kommunisten. Die Stadtverwaltung setzt die Initiative der „ausgestreckten Hand" zunächst dahingehend um, daß sie große Plakate an den Mauern der Stadt aufhängen läßt, die alle Organisationen jedweder Ideologie einladen, sich an der Bildung einer Kommission für die Arbeitslosen zu beteiligen. Seitens der Christen bittet Abbé Lorenzo im Einvernehmen mit den anderen Pfarrvorstehern die Vertreter der katholischen Bewegung, den Vorschlag positiv zu beantworten. Auf einer ersten Versammlung auf dem Bürgermeisteramt am 13. März sind vierzig Christen anwesend. Die Kommission wird gebildet: Bürgermeister Georges Marrane wird Präsident, Abbé Lorenzo Vizepräsident. Der Pfarrbrief und das Parteiorgan kündigen einmütig eine große Sammlung von Kleidung, Nahrungsmitteln und Geld für die Arbeitslosen und ihre Familien an. „Diese Kommission leistete eine wichtige praktische Arbeit", schreibt Madeleine. „Nur in der Rückschau kann ich die noch viel wichtigere Tatsache ermessen: die Begegnung der Kirche mit den ungläubigen Bewohnern in der Stadt."

Sicherlich steht Madeleine in diesen Jahren 1935/36 vor einer tiefgehenden Frage. Dachte sie daran, sich entschieden für den

Kommunismus einzusetzen? Sie wird sich von dem, was sie eine „Versuchung“ genannt hat, nur dadurch befreien, daß sie sich aus ganzem Herzen in das Evangelium vertieft. Vielleicht steht es uns nicht zu, uns auszumalen, wie dieser recht einsame Weg verlaufen ist. Hören wir lieber, was sie selbst darüber sagt.

Die Partei schien mir ganz auf Aktionen eingestellt. Die Versammlungen, an denen ich teilnahm, waren keine Veranstaltungen der Partei, aber die Teilnehmer waren fast ausschließlich Parteimitglieder; die Atmosphäre war die einer kämpfenden Familie; was man da organisierte, war eine Folge energisch und sorgfältig durchgeführter Arbeiten, die alle in eine Parteiaktion übergingen. All dies brachte mich langsam dem Kommunismus näher. Ich erlebte keine Bewußtseinskrise; einerseits fühlte ich mich zu keiner Entscheidung gedrängt, ich wollte sie eher in mir heranreifen lassen; im übrigen betraf diese Entwicklung nur die Ebene der Aktion und schien mir den Grund meines Lebens nicht zu berühren.

Doch ziemlich bald bedrängten mich auf dieser praktischen Ebene Schwierigkeiten; sie kamen vom Evangelium. Monatelang war mir das Evangelium zugleich Schutz und Anlaß zur Versuchung. Ohne das Evangelium hätte mich das Leid, das ich rings um mich entdeckte, nicht so stark getroffen; ich wäre nicht so begierig gewesen, nach den Ursachen dieser Mißstände und nach wirksamen Heilmitteln zu suchen. Aber im Kommunismus wurde das Evangelium sehr bald mit der Gewalt konfrontiert; da mußte man anhalten und sich darüber klar werden. Durch meine marxistischen Freunde wurde ich, ob ich es wollte oder nicht, mit der Gewalt konfrontiert, die nicht aus der Liebe, sondern aus dem Haß kommt und die nicht ohne Haß einen Kampf führen kann, an dem auch die Instinkte des Menschen teilnehmen können. Ich weiß nicht, wie oft ich das Evangelium immer wieder vom Anfang bis zum Ende durchgelesen habe, um diese Gewalt durch die etablierten und durch die geltenden Gesetze geschützten Gewalten, gegen die sie ankämpft, gerechtfertigt zu finden. Aber vom Anfang bis zum Ende war davon im Evangelium nichts zu lesen, und es wäre unredlich, nicht anzuerkennen, daß das Evangelium die Liebe eines jeden Menschen und aller Menschen fordert. Die einzige erlaubte Gewalt beschränkt sich auf das Wort, außer der mit aller Strenge geforderten Gewalt gegen sich selbst.

Dieser Widerspruch zu Christus war für mich wie ein „Tritt auf die Bremse"; er schien mir eine Mitgliedschaft in der Partei unmöglich zu machen. Aber ich war noch nicht am Ende meiner Qualen.

Damals präsentierte sich der Atheismus der Partei mit einer gewissen Feierlichkeit. Ein Beispiel unter Hunderten:

Auf dem alljährlichen Fest der Ferienkolonien hatte die Organisation der „Gottlosen" einen Stand mit einem Spruchband, auf dem ihr Name groß zu lesen war. Als im Gespräch die Rede auf Religion kam, konnte ich feststellen, wie einmütig man sich zum Atheismus bekannte.

Um mir volle Klarheit darüber zu verschaffen und an die Quellen zu gehen, kaufte ich mir eine Broschüre aus dem Verlag der Partei: Lenin und die Religion; es waren zwei Texte von Lenin selbst. In seiner gedrängten Kürze war dieses schmale Heftchen für mich wie ein Schlag mit der Keule, ein doppelter Schlag, wie ich meine. Zweierlei ging daraus hervor: Der Atheismus war erstens nicht nur konstitutiver Bestandteil des Marxismus, sondern gehörte zu seinen wesentlichen Zielen; als vorrangiges Ziel wurde er zweitens durch die Erziehungsarbeit der Partei unter ihren Mitgliedern verbreitet, und das Hauptmittel dieser Erziehung war die unmittelbare Aktion. Dem Glauben wurde gleichsam ein klinisches Attest über seine Todesschwäche ausgestellt, und ich konnte aus meinen ersten Reaktionen spüren, daß diese Methode ihre volle Wirkung nicht verfehlte.

In diesem Augenblick erschrak ich tief; weil ich für Gott, mein kostbarstes Gut, fürchtete, und noch für etwas anderes, Unbekanntes, vielleicht könnte man sagen für die Ehre der Liebe. Die dreißig Seiten der Broschüre hatten zwischen dem Marxismus und mir einen unheilbaren Bruch verursacht. Seitdem ist er nie wieder geheilt.[1]

Ein entscheidender Text! Andere haben sich aus ideologischen Gründen, aus abweichenden Ansichten über die Wirtschaftslage oder aus Enttäuschung oder einem Schock angesichts der Wirklichkeit vom Marxismus getrennt. Madeleine befindet sich in einer ganz besonderen Lage. In diesem Augenblick sind die Großmut und der Erfolg der Partei ganz dazu angetan, verführerisch auf sie zu wirken; die Zusammenarbeit mit deren Mitgliedern flößt ihr die größte Hochschätzung für ihren Mut und ihre Hilfsbereitschaft ein. Für sie, die sich rückhaltlos der Liebe zu den Brüdern geweiht hat, ist das mehr als bloße Faszination. Es ist eine echte Versuchung. Die Frage liegt nahe: Findet sich die Lösung für die Befreiung der Armen, für eine Beendigung der Ausbeutung nicht bei dieser ungeheuren Kampfschar, die dabei ist, die Unterdrückung abzuschütteln? Madeleine reagiert als Mystikerin: Ihre Liebe steht auf dem Spiel, ihr Geheimnis und ihre innere Kraft; die Ehre Gottes fordert den Bruch. Damit ist ihre Entscheidung endgültig: Madeleine hat eine unerschütterliche Klarheit gewonnen, mit der sie auch vielen anderen zu einer klareren Einsicht verhelfen kann.

„WIR LEUTE VON DER STRASSE“

Indessen geht die Gemeinschaft ihren Weg. Neue, unterschiedlichste Gruppen entstehen. Das Wesentliche der gemeinsamen Berufung wird vertieft: Es geht nicht darum, sich die Ideen zu eigen zu machen, welche die Welt bewegen, in die sie eingetaucht sind; es geht darum, diese Ideen zu verstehen und möglichst intensiv die Liebe Christi zu leben. Auf den ersten Blick unterscheidet diese Christinnen nur wenig von ihren Nachbarn, ihren „Brüdern und Schwestern“, abgesehen von der Ausrichtung auf das Evangelium, das sie sich zur Lebensregel gewählt haben. Im April 1938 wird ein Text Madeleine Delbrêls mit dem Titel „Wir Leute von der Straße“ in den Karmelitanischen Studien veröffentlicht. Hier bringt Madeleine die allen gemeinsame Linie zum Ausdruck. In diesem Schlüsseltext ist auf wenigen Seiten beschrieben, was man die Spiritualität der Gruppe nennen kann. Madeleines spätere Schriften haben diese Gedanken nur noch entfaltet.

Es gibt die Leute, die Gott nimmt und „reserviert“. Andere gibt es, die läßt er in der Masse, die zieht er nicht „aus der Welt zurück“. Es sind die Leute, die eine gewöhnliche Arbeit verrichten, eine gewöhnliche Wohnung haben und gewöhnliche Ledige sind. Leute, die gewöhnliche Krankheiten, gewöhnliche Traueranlässe haben. Leute, die ein gewöhnliches Haus bewohnen und gewöhnliche Kleider tragen. Es sind Leute des gewöhnlichen Lebens. Leute, die man in einer beliebigen Straße antrifft. Sie lieben ihre Tür, die sich zur Straße hin öffnet, wie ihre der Welt unsichtbaren Brüder die Tür lieben, die sich endgültig hinter ihnen geschlossen hat.

Wir andern, wir Leute von der Straße, glauben aus aller Kraft, daß diese Straße, daß diese Welt, auf die uns Gott gesetzt hat, für uns der Ort unserer Heiligkeit ist. Wir glauben, daß uns hier nichts Nötiges fehlt, denn wenn das Nötige fehlte, hätte Gott es uns schon gegeben.[2]

Es ist geradezu ein Lied auf die Brüderlichkeit, auf die Liebe zu den Menschen, das Echo der zärtlichen Liebe Gottes, der die Leute von der Straße so sehr liebt, daß er ihnen alles geschenkt hat. Madeleine nimmt für einfache Christen, für „irgendwelche" Leute von „irgendwo", die Möglichkeit, die Gnade, die Berufung in Anspruch, ein ganz Gott hingegebenes Leben zu führen – nicht weniger, als es innerhalb eines Ordens möglich wäre. Sie beteuert, daß man die Welt nicht verlassen muß, um dem Ruf Gottes, ganz ihm zu gehören, zu folgen: Auch in der Welt ist es möglich, dem rufenden Gott zu begegnen. Sie unterstreicht, daß man ganz in die Welt eingetaucht sein kann und zugleich ganz in Gott.

Weit mehr noch: Madeleine denkt, daß die Suche nach dem Absoluten, die von dem Kontemplativen erstrebt und ersehnt wird, in jedem Leben unter den Menschen möglich ist. Man kann mit ihnen all ihre Lebensbedingungen teilen und braucht keine besonderen Strukturen. Endlich nimmt sie für jedermann das Recht in Anspruch, ganz Laie zu sein, das Leben der Mitmenschen in allem zu teilen, an ihren Kämpfen, Freuden und Leiden teilzuhaben und gleichzeitig gänzlich Gott hingegeben zu sein.

Eine solche Zielsetzung ist an sich nichts Neues. Sie ist sogar der Grundzug des christlichen Lebens, wie Jesus Christus es predigt. Dennoch ist es ungewöhnlich, und sich darauf einzulassen, mag im Wirrwarr des Alltagslebens als törichtes Abenteuer erscheinen.

Die beiden Pole der Berufung Madeleines und ihrer Freundinnen sind nunmehr klar: Gott und die Straße. Das Wort Jesu „Verlaß alles …, komm, folge mir" wird ergänzt: Folge mir auf die Straße, zusammen mit denen, die Kummer haben, mit denen, die leiden, mit denen, die nicht mehr wissen, wohin dieses Leben voller Schmerzen und Leiden führt.

Immer klarer erkennen sie, daß ihre Berufung nicht darin besteht, sich einer bestimmten Arbeit zu widmen, etwa dem Pflegedienst, der Lehre oder Erziehung. Sie ist ein „Mit-Sein“: mit dem Herrn und mit den Brüdern und Schwestern in der Stadt. Von daher bekommt auch das Tun seinen hohen Stellenwert. Aber es ist ein Tun, bei dem man schließlich kaum noch die Grenzen zum Gebet unterscheiden kann, weil es selber Gebet, Gabe und Opfer ist.

Weil wir die Liebe für eine hinreichende Beschäftigung halten, haben wir uns die Mühe erspart, unsere Taten nach Gebet und Aktion zu klassifizieren. Wir meinen, Gebet sei Aktion und Aktion sei Gebet, uns will scheinen, ein wahrhaft liebendes Tun sei ganz von Licht erfüllt. Wir denken, daß, bevor es zur Tat kommt, die Seele wie eine Nacht ist, die aufmerksam dem kommenden Licht entgegenharrt. Und ist es da, ist der Wille Gottes klar verstanden, so lebt sie ihn sanft, gemächlich zusehend, wie ihr Gott sich in ihr regt und zu wirken anfängt. Uns scheint, Handeln sei ebenfalls ein Flehgebet. Wir haben nicht das Gefühl, die Tat nagle uns fest auf unserem Feld der Arbeit, des Apostolats oder Alltags.

Ganz im Gegenteil scheint die richtig vollbrachte Tat dort, wo sie von uns verlangt ist, uns mit der ganzen Kirche zu verbinden, in ihren ganzen Organismus auszugießen, uns in ihr verfügbar zu machen. Unsere Füße schreiten auf einer Straße, aber unser Herz schlägt in der ganzen Welt.[3]

Texte wie dieser verdeutlichen, was Madeleine unter „kontemplativem Leben“ versteht. Wenn das „Mit-Sein“ in den gewöhnlichsten Akten der Existenz intensiv gelebt wird, öffnen sich Herz und Geist für die Mitmenschen, und diese Herzensöffnung führt zur Tat.

Man hat gelegentlich von einer „Häresie der Werke“ gesprochen. Ein bloßer Aktivismus wäre in der Tat eine Verdrehung, die zeigt, daß man in seiner Überheblichkeit das Ziel aus den Augen verloren hat. Hier aber heißt „Werk“, bei jeder Gelegenheit so lieben zu wollen, wie Gott liebt.

Darum einen auch unsere kleinen Taten, in denen wir nicht zwischen Gebet und Aktion unterscheiden können, die Liebe zu Gott und die zu den Brüdern vollkommen. Daß wir uns seinem Willen anheimstellen, verbindet uns gleichzeitig mit der Kirche, die dieser selbe Wille immerfort zur Heilbringerin und zur Mutter der Gnade macht.

Jeder gefügige Akt läßt uns Gott in Fülle empfangen und ihn in Fülle weitergeben in einer großen Freiheit des Geistes. Dann wird das Leben ein Fest. Jede kleine Unternehmung ist ein gewaltiges Ereignis, worin uns das Paradies geschenkt wird, das wir weiterverschenken können. Egal, was wir zu tun haben: ob wir einen Besen oder eine Füllfeder halten. Reden oder stumm sein, etwas flicken oder einen Vortrag halten, einen Kranken pflegen oder auf einer Schreibmaschine hämmern. All das ist nur die Rinde einer herrlichen Realität, der Begegnung der Seele mit Gott in jeder erneuten Minute, die an Gnade zunimmt, immer schöner wird für ihren Gott.

Man läutet? Schnell, machen wir auf! Gott ist es, der uns lieben kommt. Eine Ankunft? Eine Bitte? Es ist Gott, der uns lieben kommt. Zeit, sich zu Tisch zu setzen? Gehn wir: Es ist Gott, der uns lieben kommt. – Lassen wir ihn gewähren.[4]

Während eines Monats vollständiger Ruhe nach einer schweren Krankheit zieht Madeleine im Winter 1939 Bilanz:

Ich bin bis an die Grenze meines Denkens gegangen. Es ist Gottes Sache, zu spielen oder spielen zu lassen, wen er will ... Ich bin glücklich, auf der Erde zu sein, in der Kirche zu sein ... und mit euch allen und jeder einzelnen ihr anzugehören. Von 1931 bis heute scheint es mir, eine lange Reise zurückgelegt zu haben, mit verschiedenen Etappen, mit Irrwegen und mancher Strampelei. Gott hat mir eine Pause gegeben. Ich nehme sie ohne Ziererei an. Danach erwarte ich meinen Marschbefehl.

Sie erkennt immer klarer die spezifische Berufung der Gemeinschaften:

Ich glaube, es ist nicht nötig, ein Familienkennzeichen zu haben. Ein strenger gelebtes Christentum, die Hingabe an die christliche Berufung in der Ehelosigkeit scheint mir zu genügen. Wenn wir nichts über uns zu sagen haben, mein Gott, um so besser. Wenn man die Welt anschaut, in der wir leben, kann man nicht umhin, in aller Glaubensgewißheit das Bedürfnis dieser Welt zu spüren, Christen in sich zu besitzen. Den Pfarreien sind in unserer heutigen Welt die Arme bis zum Ellenbogen abgeschnitten: Die nicht zu einer Pfarrei Gehörigen sind nach meiner Ansicht die ‚Vor-Arme' dieser amputierten Gliedmaßen.

Aus dem Abstand heraus ist es ihr möglich, den zurückgelegten Weg besser zu begreifen. Zeuge Gottes sein in der Armut, im Selbstvergessen unter den einfachen Leuten, unter denen, die außerhalb der sichtbaren Pfarrgrenzen leben, das heißt nicht, die Brücken zu der Pfarrgemeinde abzubrechen, sondern sie bis zum Äußersten des Leibes Christi auszuweiten.

Der Krieg und das Apostolat
1939 – 1944

Zu Beginn des Jahres 1938 erlebt Madeleine auf einer Studienreise das Nazi-Deutschland. Es ist weniger geprägt von den „sozialen Leistungen“ des Regimes, die in bestem Licht vorgeführt werden, als von der Atmosphäre überschwenglicher Begeisterung der Massen für Hitler. Unvergessen sind die Bilder der großen rotbraunen Hakenkreuzfahnen, der brennenden Synagogen, der Fackeln und Wimpeln, die Lieder und das Geschrei riesiger, gleichsam hypnotisierter Menschenmassen. Bei einer dieser Versammlungen erlebt Madeleine die dämonische Macht, die der Diktator mit den abrupten, schreckenerregenden Gesten einer verrückten Marionette auf das deutsche Volk ausübt. In Aachen, der Hauptstadt des Reiches Karls des Großen, zittert sie, als Otto Abetz, der künftige Botschafter im besetzten Frankreich, sich mit ihr in freundschaftlichem Ton über die Zeit unterhält, „als unsere beiden Völker zusammengehörten“.

Ein paar Monate später läßt das tschechoslowakische Drama Madeleine den nahen Krieg ahnen. Es ist klar, daß Hitler nicht dabei stehenbleiben will, daß er zweifellos niemals stehenbleiben will … Sie hat den Beginn des zukünftigen Krieges sofort erfaßt. Der Nationalsozialismus ist nicht irgendein Gegner: „Ein Krieg gegen Hitler wäre wie ein Kreuzzug. Es lohnte sich, dafür zu sterben“, schreibt sie am 17. März 1939.

Das Unvermeidliche tritt im September 1939 ein. Madeleine ist bereit, ihr Leben hinzugeben; nicht im Kampf der Waffen, sondern im Kampf, den eine Sozialarbeiterin inmitten einer ratlosen Bevölkerung, die alles Lebensnotwendigen beraubt ist, führen kann. Die vier Kriegsjahre werden für sie zu vier Jahren intensiver Arbeit, in denen sie alles, was sie an Erfindungsgabe und Organisationstalent besitzt, einsetzt, um Leiden zu lindern und das Leben ein wenig erträglicher zu machen.

Bei der Kriegserklärung wird sie von der Aktionsgemeinschaft für Sozialdienste des Departements Seine eingestellt, und am 21. September 1939 beauftragt sie der Bürgermeister von Ivry, Georges Marrane, mit der Leitung aller Sozialdienste der Region. Unter ihrer Leitung wird Ivry auf diesem Sektor eine Pionierstadt in der Gegend um Paris. Allerdings arbeitet sie auf dem Bürgermeisteramt nicht mehr unter der Verantwortung von Georges Marrane, denn nach der Unterzeichnung des deutsch-sowjetischen Bündnisses wurden die Kommunisten ihrer offiziellen Ämter enthoben. Eine Abordnung der Präfektur soll sie ersetzen. Tatsächlich aber werden die Verwaltungsgeschäfte vom gewohnten Personal weitergeführt, das zum größten Teil aus Parteimitgliedern besteht. Während sie mit ihnen arbeitet und mit ihren Familien in Verbindung tritt, schließt Madeleine neue Freundschaften in diesem Milieu militanter Kommunisten. Sie wird ihnen später helfen, soviel sie kann, oft im Geheimen, als sie Opfer von Razzien und Verhaftungen werden.

Die Behörden befürchten eine Bombardierung von Paris. Um einen Teil der Bevölkerung in Sicherheit zu bringen, müssen die Sozialarbeiterinnen „in einer großen Evakuierungsaktion Stadtteil für Stadtteil leer machen". Es war eine von Madeleines ersten Aufgaben, die Abreisen vom Bahnhof Austerlitz zu organisieren. Ihre Wohnung in der Rue Raspail wird ein wahres Durchgangslager. Hier werden die Begleitgruppen empfangen, die in jedem Zug mit den Flüchtlingen mitfahren. Manche Begleiter bleiben nach der Ankunft in der Provinz einige Zeit bei ihnen, um sich um das Nötigste zu kümmern, andere kehren gleich zurück und fahren in der folgenden Nacht mit einem anderen Transport wieder ab. Als Tochter eines Eisenbahners teilt sich Madeleine mit dem Bahnhofsvorsteher die Leitung der Aktion. Dieser, der die Oberaufsicht über den Zugverkehr hat, überläßt der „kleinen guten Frau" gern die Zügel, sobald ein Zug in den Bahnhof eingefahren ist.

Es folgt ein langer Winter. In dem „merkwürdigen Krieg" geschieht auf militärischer Ebene zunächst nichts; der Generalstab verharrt in unbegreiflicher Untätigkeit, der Siegeswille wird geschwächt. Im Mai 1940 rücken die Deutschen wieder nach Westen vor und greifen erfolgreich an. Nach der Niederlage der schlecht ausgerüsteten und vor allem schlecht geführten französischen Armee kommt es zur Besetzung Frankreichs. Scharenweise fliehen die Franzosen vor dem Feind. Wie acht Monate zuvor, doch diesmal unter andersgearteten tragischen Umständen, bemüht sich Madeleine wieder, auf dem Bahnhof von Austerlitz die Evakuierung einer von panischer Angst ergriffenen Menge zu organisieren.

EINE LEIDENSFLUT

Das besiegte Frankreich ist von deutschen Truppen besetzt. In den folgenden Monaten bricht eine Flut von Leid über das Land herein. Die französische Wirtschaft liegt darnieder. Marschall Pétain, der von der in den letzten Zügen liegenden Dritten Republik an die Macht gerufen wird, gibt sich als Retter. Zur gleichen Zeit werden die Forderungen der Deutschen immer drückender; der Staatschef, der keine andere Lösung mehr sieht als die Unterzeichnung, ruft offiziell zur „Kollaboration" auf. Zwei Millionen Franzosen sind gefangen. Ende 1940 gibt es in der Region von Paris mehr als 500.000 Arbeitslose. Für die Frauen, die mit ihren Kindern allein sind, ist das Leben furchtbar. Der aufblühende Schwarzmarkt ist den Armen nicht zugänglich. Der kalte Winter 1940/41 überrascht das Volk, das derartige Beschränkungen nicht gewöhnt ist. Es fehlt an Kohle, man kommt nicht an die Lebensmittelkarten heran, und die Warteschlangen vor den Geschäften werden immer länger.

Unter dem Schlag der Niederlage und der deutschen Besatzung wird die Arbeit der Sozialarbeiterinnen außerordentlich schwer. Sie stehen mitten in der Not, die das Land heimgesucht hat. Es gilt, Familien aufzurichten, zu trösten, die gewohnten Arbeiten wie zu Friedenszeiten weiterzuführen und mit armseligsten Mitteln dramatische Situationen zu bewältigen.

In dieser Lage kommen Madeleines Erfahrung und Wirklichkeitssinn voll zur Geltung. Auf ihre Anregung hin bilden die aktiven Gruppen der Bevölkerung von Ivry eine Arbeitsgemeinschaft. Viele beteiligen sich: Ärzte, Fabrikanten, Verwaltungsbeamte. Die Hilfsorganisation *Secours National*, andere Organisationen und bereitwillige Helfer schaffen gemeinsam ein Netz von Maßnahmen, die Beistand und Unterstützung bieten und die Bemühungen des Sozialdienstes im engeren Sinne ergänzen.

Die ganze Gruppe von Madeleine, die Krankenschwester, Sozialarbeiterin, und Jugendgruppenleiterin zugleich ist, nimmt an diesem Kampf gegen das Elend teil und trägt dazu bei, die vielfältigen Dienste mit dem Geist der Aufgeschlossenheit und Liebe zu beseelen. Ihr Haus steht allen offen, die Ermutigung brauchen und gestärkt werden müssen.

Neue soziale Einrichtungen sollen in der allgemeinen Verarmung der Familien über das schlimmste Elend hinweghelfen: In einem Mütterhaus finden Mütter Nähstuben, Kleidung, hauswirtschaftliche Unterweisung, Lebensmittel und die Möglichkeit einer vorübergehenden Unterbringung der Kleinkinder. In Werkstätten werden Altkleider, Stoffreste und Decken sortiert; alles wird aufgetrennt, geflickt und zu neuen Sachen zusammengenäht. Es gibt einen Kinderhort und Treffpunkte für Jugendliche, die Schrebergärten für die Arbeiter werden erweitert …

Ivry ist kein Einzelfall, überall in Frankreich mühen sich die Stadtverwaltungen nach Kräften, die schwierige Lage zu meistern. Und doch wird die Stadt von Madeleine bald zu einem

Modell; von weither kommen Vertreter anderer Orte, um sich von den originellen Ideen inspirieren zu lassen. In Ivry wird auch auf Details und scheinbar Zweitrangiges mit Sorgfalt geachtet. Getreu dem Motto, daß man auch mit kleinsten Mitteln anderen Freude machen kann, wird der freundlichen Ausgestaltung des Empfangsbüros nicht weniger Aufmerksamkeit geschenkt als der Kartoffelernte, um die sich eine Schar von Gärtnern kümmert.

Madeleine hat Erfolg. Sie fordert den *Secours National* auf, Ausbildungskurse für dringend benötigte Fürsorgehelferinnen einzurichten, und entwirft selbst ein neuartiges, stärker praxisbezogenes Studienprogramm. „Man soll sie gleich an die Arbeit setzen; denn aus dieser Tätigkeit gewinnt man eine praktische, zweckmäßige Lehre."

In das Werk *Veillée d'armes* (Schildwacht), das aus Vorträgen für diese jungen Frauen entstand und 1942 erschien, fließen Madeleines Reflexionen über ihre Tätigkeit ein. Darin ist eine ganze Kunst des Dienstes an anderen enthalten, der von der Güte Gottes durchdrungen ist, die sie selbst ausstrahlt. Madeleine schreibt:

Die Familien brauchen keinen Besuch von Leuten, die sie begutachten wie einen Koffer am Zoll oder wie der Organismus vom Arzt untersucht wird. Sie brauchen Menschen, die wie Verwandte zu ihnen kommen, Menschen, die allen Bruder sind. Solche Menschen werden im Sozialdienst benötigt, um sie in diesem Augenblick auf die blutigen Straßen der Welt zu schicken. Es gibt kein Rezept, um den Menschen zu helfen; man kann sie nicht gewaltsam in ein und dieselbe Mühle stecken: Heraus käme vielleicht ein menschlicher Teig, aber bestimmt keine Menschen.

Ebenfalls im Jahre 1942 veröffentlicht Madeleine eine Broschüre *La Femme et la Maison* (Die Frau und das Haus). Sie wendet sich nicht mehr nur an die Sozialarbeiterinnen, sondern an alle Frauen, die von der Not entmutigt, von der Unsicherheit und der

Trennung der Familien erdrückt sind. In mitreißenden Worten möchte sie den Müttern den Sinn ihres Kampfes um das Leben wieder nahebringen. Die Broschüre enthält auch praktische Tips zur Bewältigung von Haushaltsproblemen, welche die Einschränkungen mit sich bringen.

Die dringenden Aufgaben, die der Krieg mit sich bringt, lassen Madeleine nicht die wachsenden sozialen Ungerechtigkeiten übersehen. Als freie Frau und mutige Christin verfaßt sie mehrere Berichte und veranlaßt Treffen zur Beratung über die Lebensbedingungen der Arbeiterfamilien in Ivry. „Mörderische" Wohnungen, ungenügende Löhne, jämmerliche Arbeitsbedingungen, keinerlei Versicherungsschutz, schlecht geführte Kantinen, eine erstaunlich gleichgültige Arbeitgeberschaft – all das hat erschreckende Folgen. Die hygienische Situation ist beängstigend; zwei Drittel der Familien leiden an Tuberkulose.

Madeleine kümmert sich von Ende 1941 an auch um das Schicksal der Randzonenbewohner. Als zwischen den beiden Weltkriegen die alten Befestigungen verschwanden, bildete sich in der früheren Militärdienstzone um Paris ein mehrere hundert Meter breites Armenviertel. An sich bestand dort Bauverbot, aber die Behörden ließen es zu, daß sich in Ziegelsteinbaracken und in kleinen leerstehenden Wohnungen die Ärmsten der Bevölkerung niederließen: Ausländer, neue Einwanderer, Arbeitslose usw. In diesen ungesunden Behausungen, den heutigen Favelas in Brasilien vergleichbar, sind Tausende von Familien zusammengepfercht, die in äußerster Armut leben. Ein Abszeß, den man würde aufbrechen können, wenn man die Leute enteignete, die zu acht Personen in einem Zimmer leben. Doch wo sollte man sie unterbringen? Wie sollte man diese mittellosen und meist kaum gebildeten Menschen integrieren, mit denen jede Verständigung schwierig ist? Immerhin wird ein Sozialdienst für „die Zone" eingerichtet.

Bei dieser Gelegenheit macht Madeleine die Bekanntschaft der engagierten Christin Monique Maunoury, der Enkelin des

Marschalls von Frankreich. Die beiden schließen Freundschaft. Ohne viel Aufhebens führt Monique ein außergewöhnliches Leben: 1941 begann sie mit einer eifrigen Pfadfindergruppe, die Elendsquartiere zu besuchen. Von 1943 bis zu ihrem Tod im Oktober 1945 widmet sie sich ganz diesen vom Elend an den Rand gedrückten Männer und Frauen und teilt ihr Leben. Ihr Motto, das sie auch ihnen vermitteln möchte, lautet „Friede und Freude". Von der Liebe Christi erfüllt, ist sie für die anderen da und wird von ihnen geliebt.

Obwohl Madeleine charakterlich wie geistig ganz anders veranlagt ist, versteht und bewundert sie Monique. Sie hilft nach Kräften, wenn es gilt, die mit Monique befreundeten Familien, die sich herzlich wenig um Gesetze und Vorschriften kümmern, vor den städtischen Behörden zu verteidigen.

Die tausenderlei Schwierigkeiten dieser Zeit zehren so sehr an den Kräften, daß man nur mit Mühe durchhalten kann: „Wir haben fast keinen Mut mehr; man verbraucht davon in einer Stunde so viel wie früher in einem Jahr." An manchen Tagen ist ihr Mut von morgens bis abends unaufhörlich gefordert. An einem Vormittag wird sie dreimal auf der Straße angehalten und muß sich komplizierte Geschichten anhören, die mühsame Schritte verheißen. Vor ihrem Büro wird sie von eine Frau erwartet, die ihr eine Szene macht, weil sie die angeforderte Unterstützung nicht erhalten hat, die ihr doch zustehe. Als Madeleine am Jugendheim vorbeikommt, herrscht dort helle Aufregung wegen eines Diebstahls. Und wie immer wartet viel Post darauf, erledigt zu werden: Benachrichtigungen von der Wiederaufnahme irgendwelcher Verfahren, ein abschlägiger Bescheid, ein Brief mit der Ankündigung, daß ein Kind zurückgeschickt werde, das sie in einer Schule für Landwirtschaft untergebracht hatte.

Endlich kommt der 6. Juni 1944. In ihrem Notizbuch vermerkt Madeleine voller Hoffnung: „Die alliierten Truppen sind in der Normandie gelandet." Zwischen dem 15. und 25. August gelingt es der Truppe General Leclercs und den Befreiungskomitees, die den bewaffneten Kampf auf offener Straße führen, das Pariser Umland zu befreien. Endlich ist Paris frei! Die gewählten Gemeinderäte, die nach ihrer Absetzung in den Untergrund gegangen waren, nehmen ihre Tätigkeit wieder auf. Am 25. August 1944 wird Ivry wieder von einer kommunistischen Stadtverwaltung geführt.

Madeleine wußte nicht, wie die neuen Stadtväter sich ihr gegenüber verhalten würden. In der allgemeinen Umwälzung war sie bereit, deren Entscheidung abzuwarten. Nach dem Abzug der deutschen Truppen kehren noch in der gleichen Nacht ihre Bomber nach Paris zurück. Ivry ist ihr Ziel; die Schäden sind beträchtlich. Madeleine begibt sich sofort aufs Bürgermeisteramt, um sich dem Leiter der Sozialdienste zur Verfügung zu stellen. „Man stand noch unter dem Eindruck der letzten Hauseinstürze, als ich eine kleine, beherzte und einfache Frau in mein Büro eintreten sah", erinnert sich Venise Gosnat später. "Kommen Sie mit", antwortete er, „wir wollen uns die Schäden an Ort und Stelle ansehen." Und so begann eine neue Phase enger und intensiver Zusammenarbeit zwischen Madeleine und der kommunistischen Stadtverwaltung.

Ein paar Tage darauf bestätigt Gosnat Madeleine in ihrer Eigenschaft als Delegierte des Sozialdienstes. Da der *Secours National* zu sehr von der Vichy-Regierung geprägt war, wird er durch eine Kommission für gegenseitige Unterstützung unter der Leitung der Stadtverwaltung ersetzt. Madeleine und die drei Pfarrer von Ivry gehören dazu. Wie sie 1936 Seite an Seite gekämpft hatten, um die Opfer der Arbeitslosigkeit zu unterstützen, so kommt es im Jahre 1944 zu einer neuen Annäherung zwischen der Kirche in Ivry und den Kommunisten, um gemeinsam gegen die verheerenden Kriegsfolgen zu kämpfen.

Am 31. August 1944, gleich nach Wiederaufnahme der normalen Tätigkeit, verfaßt Madeleine für Venise Gosnat, den Leiter der Sozialdienste auf dem Bürgermeisteramt, einen dreißigseitigen Bericht, der über die Tätigkeit der Sozialfürsorge während des Krieges Rechenschaft gibt und in dem sie ihre Auffassung von Sozialarbeit erläutert. Der Titel ihres Berichts lautet: „Vom Zusammenhang zwischen dem Sozialdienst und der Politik". Ihre Haltung gegenüber der kommunistischen Partei tritt deutlich zutage. Der Politik fällt nach Madeleine die wesentliche Rolle zu, die Mängel einer „schlecht organisierten Gesellschaft" zu beheben. Die Sozialdienste sollten in dem Maße verringert werden, wie die Politik ihre Aufgabe erfüllt. Der Sozialdienst hat also von Fall zu Fall die mißliche öffentliche Organisation zu kompensieren. Nachdrücklich wird es als irrige Perspektive herausgestellt, wenn die Politik glaube, auf die Sozialdienste bauen zu können, um ihre eigene Unzulänglichkeit zu verbergen. Ein Zeichen dafür sei der Mißstand, daß der Sozialdienst als Propagandamittel herhalten müsse. Für Madeleine ist der Weg klar und sicher. In einem Brief an Georges Marrane, datiert vom 31. August 1944, schreibt sie:

Jenseits aller Politik verfolge ich das Ziel, die Leiden zu lindern und das Glück zu vermehren. Wenn diese Geisteshaltung Ihnen mit Ihrer eigenen Position vereinbar erscheint und wenn Sie mich auffordern, meine Aufgaben für den Sozialdienst auf dem Bürgermeisteramt von Ivry fortzusetzen, dann werde ich es gern tun. Wenn diese Geisteshaltung Ihnen dagegen nicht annehmbar erscheint, werde ich es gut verstehen und ebenso gern ohne eine öffentliche Funktion arbeiten.

Die Antwort läßt nicht auf sich warten, und sie ist positiv. Madeleine arbeitet das ganze Jahr nach der Befreiung auf dem

Bürgermeisteramt. Venise Gosnat wie auch Georges Marrane, der Bürgermeister, schätzen ihren Freimut und ihre Pläne.

Die beginnende Zusammenarbeit wird von langen Gesprächen begleitet, in denen Venise Gosnat der „Lehrer des Marxismus" für seine „schlechte Schülerin" Madeleine wird, die unbelehrbar bleibt. Madeleine, die mit ihm arbeitet und diskutiert, bewundert diesen Mann, dessen Güte sprichwörtlich und dessen menschliche Wärme anziehend ist. Aber inzwischen kennt sie zur Genüge die Taktik der Partei. Obwohl Madeleine in den meisten Fällen mit den unmittelbaren Zielen einverstanden ist, die eine Verbesserung der Lage der Arbeiter im Auge haben, so steht sie doch in absolutem Gegensatz zu den eigentlichen Grundlagen der marxistischen Ideologie und ihrem Fernziel: eine atheistische Gesellschaft zu errichten.

Frankreich muß den Wiederaufbau einleiten und gleichzeitig seine Kriegsanstrengungen verstärkt fortsetzen, bis zur endgültigen Kapitulation Deutschlands, die erst im Mai 1945 erreicht wird. Es erübrigt sich zu sagen, wieviel zu tun ist: für die weiterhin notleidende Bevölkerung, für die Verschleppten und Gefangenen, die allmählich zurückkehren und ihren Platz in der Gesellschaft wiederfinden müssen.

Madeleines Sozialarbeit während der Besatzungszeit wird allgemein als vorbildlich anerkannt. Doch als sie eine Medaille wegen ihrer Widerstandstätigkeit erhalten soll, glaubt sie, ablehnen zu sollen. Auch wenn sie manchen kommunistischen Familien geholfen hat, den Nazis zu entkommen, gehörte sie nicht direkt einer Widerstandsbewegung an.

Man könnte meinen, Madeleine sei ganz in ihrer Tätigkeit aufgegangen. Aber sie ist ebenso sehr von der anderen Seite ihres Tuns in Anspruch genommen, „dem uns aufsuchenden Gott das kleine Stück Menschheit auszuliefern, das wir sind". *Unser tägliches Brot*, 1941 veröffentlicht, ist im selben Geist wie *Wir Nachbarn der Kommunisten* eine Einladung an jeden Christen, den Anrufen des Herrn im alltäglichen Leben zu folgen.

Ein anderer Text aus dem Jahr 1945 zeigt ihre hohe Auffassung von der Kontemplation:

„Ich bin gekommen, Feuer auf die Erde zu werfen ..." Es ist die Berufung der sogenannten kontemplativen Seelen, dieses Feuer zu sein. Aber aus zufälligen oder historischen Gründen, deren sich die Vorsehung zu ihrer Heiligung bediente, sind diese Seelen von Feuer meist eingeschlossen und leben, wenn man so will, in Festungen. Die Gitter und die hohen Mauern, die Frauen vor Räuberbanden schützen sollten oder aus anderen Gründen entstanden waren, sind zu fast unentbehrlichen Voraussetzungen geworden, um den Verzicht und die Hingabe an Gott zu leben. Von Zeit zu Zeit entweicht ein Funke, der den Bann durchbricht: Ein Benedikt Labre pilgert auf den Straßen, eine heilige Katharina von Siena wird von ihrem Kochherd geholt. Die Funken stieben durch die Stoppelfelder, und die Stoppelfelder sind glücklich, sich am Feuer zu wärmen, und finden wieder die Wege des Evangeliums.

Wichtig ist die Antwort, die man auf die Berufung gibt, die Bedingungslosigkeit, mit der man sie annimmt und mit der man ihr treu ist. Nicht unsere Berufung macht die Heiligkeit aus, sondern die Treue, mit der wir ihr folgen.

ENTSTEHUNG DER „MISSION DE FRANCE"

Je mehr Madeleine sich mit den Menschen ihrer Zeit solidarisiert, mit ihrer Stadt, mit deren armen Bewohnern, desto mehr erschüttert sie auch das Drama des Atheismus, das geistige Elend so vieler Männer und Frauen, die jegliche Bindung an Gott verloren haben. Deshalb begrüßt sie mit Freuden die Reformbemühungen der Kirche in Frankreich. Sie wird von ihnen stark beeinflußt und hat ihrerseits ihren Anteil daran.

Gemeinsam mit der Katholischen Aktion machen Landpfarrer und gefangene Priester in Deutschland darauf aufmerksam, in welchem Ausmaß die Bevölkerung entchristlicht ist. Neue Methoden im Apostolats erscheinen dringend nötig. Aufgrund dieser Beobachtungen reift ein Plan heran, den Kardinal Suhard schon seit langem hegte. Er wünschte ein Seminar neuer Art zur Heranbildung von Priestern, die vor allem in den entchristlichten Regionen eingesetzt werden sollten. Die Diözesen mit dem meisten Priesternachwuchs könnten geeignete Kandidaten schicken, die dort zeitgemäße Pastoralmethoden studieren sollten. Die wachsende Begeisterung für die Katholische Aktion müsse möglichst gut genutzt werden. Diese Gründung sollte unter den Schutz der heiligen Therese von Lisieux gestellt werden und den Geist ihres „Kleinen Wegs“ weitertragen.

Mitten im Krieg läßt Kardinal Suhard den Regens des Seminars von Autun, Pater Augros, zu sich kommen, der durch seine „revolutionären“ Methoden bekannt geworden ist. Abbé Lorenzo, durch seinen Aufenthalt in Ivry von der Notwendigkeit eines solchen Unternehmens überzeugt, bietet seine Mitarbeit bei dieser Gründung an. Er erklärt dem Kardinal: „Wir schwimmen in ungeeigneten Maßnahmen … Ich habe das Evangelium der Kleriker satt; ich möchte das Evangelium Jesu.“ – Als die Bischofskonferenz am 24. Juli 1941 ihre endgültige Einwilligung zur Eröffnung des neuen Seminars gibt, wird Abbé Lorenzo Assistent von P. Augros.

Während eines Exerzitienkurses in Lisieux trifft Madeleine im September 1941 P. Augros. Zu jener Zeit fragte dieser sich noch, ob die *Mission de France* eine Ordensgemeinschaft werden sollte. Aus der Begegnung mit Madeleine erwächst für P. Augros eine Gewißheit: Er verzichtet auf den Gedanken einer Ordensgemeinschaft. Er schließt: „Weil es die Sendung dieser Priester ist, das Evangelium zu verkünden, haben sie nichts anderes zu tun, als es zu leben. Das ist alles.“

Im Oktober 1942, als sich Russen und Deutsche an der Ostfront um Stalingrad erbitterte Kämpfe liefern, kommen die ersten Schüler in Lisieux an. Im ganzen sind es vierzig, darunter zehn Priester. Zehn Professoren betreuen sie. Unter ihnen sind Spezialisten für die Arbeiterwelt und das Apostolat auf dem Lande. Der Regens sagt beim Empfang: „Bei der Eröffnung dieses Seminars schreiben wir eine neue Seite Kirchengeschichte. Sie wird das sein, was wir aus ihr machen."

Tatsächlich verbreitet sich die *Mission de France* sehr schnell, denn sie entspricht tiefen Bedürfnissen. Nach 1945, als die Gefangenen und die Zwangsarbeiter zurückkehren, nimmt sie einen noch größeren Aufschwung.

Madeleines Schrift *Wir Nachbarn der Kommunisten* hat die Anfänge der *Mission* stark geprägt, und so wird sie in den Arbeitssitzungen mehrmals um ihren Beitrag gebeten. „Der Platz der Laien in der Kirche" oder „Nichts sei uns profan" sind Themen, die ihr sehr am Herzen liegen, und sie bringt ihre Erfahrungen von Ivry in ihre Vorträge ein. Sie hatte sehr unter der mangelnden Aufgeschlossenheit mancher Priester gegenüber den gesellschaftlichen Verhältnissen, insbesondere gegenüber der Welt der Arbeiter gelitten. Um so glücklicher ist sie, daß sie jetzt zu jungen Seminaristen darüber sprechen kann. P. Augros ermutigt sie und beteuert, daß der Geist in der Kirche viele Wege finde. Und der Geist weht von allen Seiten in diesen für Frankreich so düsteren Jahren. Kardinal Suhard betont die Dringlichkeit eines neuen Apostolats:

In dieser schweren Stunde ist es wichtig, daß sich in unserem Land eine Erneuerung vollzieht. Was man auch sagen und tun mag, es kommt auf die Arbeiterklasse an. Die Erneuerung muß hauptsächlich in diesem Bereich geschehen. Wir sind gezwungen, auf jene Elemente zurückzugreifen, die wie ein Sauerteig wirken, der in die Masse gemengt wird ... Wenn wir uns von der Arbeiterklasse fernhalten, neben ihr herleben, können wir sie nicht durchdringen. Wir müssen mitten unter ihr leben, in ihr leben, uns unter sie mischen. Wir müssen uns ihre Bestrebungen zu eigen machen, teilhaben an ihren Wünschen und möglicherweise auch an ihren Nöten und Schwierigkeiten: Das ist es, was uns den Zugang zu ihnen eröffnet ...

Die *Mission de France* war ein erster Schritt, aber man mußte weitergehen. P. Godin, Seelsorger der Arbeiterjugend, und sein Freund, P. Daniel, legen 1943 in einer Veröffentlichung dar, wie viele Bereiche der Gesellschaft überhaupt keinen Kontakt zur Kirche haben. Die Schrift mit dem bezeichnenden Titel *La France, pays de mission?* (Frankreich – ein Missionsland?) schlägt in den katholischen Kreisen wie eine Bombe ein. Selbst Kardinal Suhard bekennt nach der Lektüre des Manuskripts: „Ich habe heute nacht nicht geschlafen. Ich bin erschüttert. Ich wußte vieles, aber ich hätte trotzdem nie geglaubt, daß es so schlimm sei." Die bisherigen Anstrengungen der Katholischen Aktion haben sich als unzureichend erwiesen, es gilt, ganz neue Wege zu finden. Ein Vorschlag: Priestergruppen in die Industriegebiete, in die Fabriken entsenden. P. Augros geht sofort darauf ein: „Die von Ihnen vorgeschlagene Lösung scheint uns im großen und ganzen richtig. Diese Lösung hat fast im gleichen Augenblick eine kleine Laiengemeinschaft von Ivry unter der Leitung von Madeleine Delbrêl gefunden."

Madeleine war übrigens P. Godin begegnet, und sie hatten diese Fragen miteinander besprochen. Am 1. Juli 1943 wird die sogenannte Mission de Paris mit dem Segen des Erzbischofs gegründet. Priester, Ordensleute und Laien, in Gemeinschaft lebend oder als einzelne, ziehen aus, um unabhängig von den Pfarreien, die nach ihrer Meinung den Erfordernissen der Zeit nicht mehr ganz entsprechen, unter den Arbeitern zu leben. Sie kommen bei der Fabrikarbeit und durch ihr Zusammenleben mit der Arbeiterbevölkerung mit einem Milieu in Verbindung, das der Kirche fernsteht. Die Gruppe von der Rue Raspail ist mit einer Equipe der *Mission de Paris*, die sich in Ivry niederläßt, freundschaftlich verbunden.

MISSIONARE OHNE SCHIFF

Seit 1941 arbeitete und lebte der Dominikaner Jacques Loew unter den Hafenarbeitern von Marseille. Auf einer Informationsreise über das missionarische Leben in der Pariser Region besucht er die Gemeinschaft von Ivry. In Marseille lebten bereits vier junge Frauen inmitten von Italienern, Armeniern, Spaniern und Franzosen im Armenviertel „La Cabucelle". Sie suchten Anregungen, um den vielfältigen Bedürfnissen ihrer Mitbewohner besser gerecht werden zu können. So begleiteten zwei von ihnen Jacques Loew nach Ivry. 1944 gibt Jacques Loew einen Bericht von dieser ersten Begegnung, die der Beginn einer bleibenden Freundschaft ist.

Zum Schluß trafen wir mit Madeleine Delbrêl und ihren Freundinnen zusammen. Wir fühlten uns bei ihnen wirklich wie zu Hause, umgeben von einer Freude, einer Liebe und Einfachheit, die an die heilige Klara und die ersten Franziskaner denken ließen: Fröhlichkeit, Armut, Liebe, vollkommene Verfügbarkeit, Fügsamkeit gegenüber den Lebensumständen und der Standespflicht: all das in dem Gemeinschaftsleben, zu dem sich Madeleine Delbrêl und ihre Gefährtinnen mit Geduld und Entschlossenheit zusammengefunden hatten.

Diese Begegnungen mit Menschen, die in ihrer apostolischen Arbeit die gleichen neuen Wege beschreiten, sind für Madeleine und ihre Gemeinschaft ein starker Ansporn. Sie sehen darin zugleich eine Aufforderung, ihre eigenen Ziele näher zu beschreiben. Dies wurde besonders aktuell, als P. Augros der Gruppe vorschlug, eine Arbeitsgemeinschaft nach Lisieux zu senden;

dabei faßte er die Möglichkeit einer mehr oder weniger formellen Angliederung an die *Mission de France* ins Auge.

Die Reaktionen der Gruppe waren unterschiedlich. Madeleine zeigte sich zurückhaltend, da ihr eine förmliche Angliederung nicht geheuer war. Vielleicht erinnerte sie sich an ihre früheren Erfahrungen in der Pfarrei, in der die Gruppen in eine zu große Abhängigkeit geraten waren. Immerhin entschloß man sich, engen Kontakt zu halten. Die Arbeitsgruppen wollten vorzugsweise dort wohnen, wo die Equipes der *Mission de France* sich niederließen. Sie wollten sich damit begnügen, sich als einfache Christinnen vom Geist der *Mission* durchdringen zu lassen, wozu im Grunde jeder Christ berufen ist.

Trotz ihrer beruflichen Inanspruchnahme gelingt es Madeleine, stärker das Charakteristische ihrer missionarischen Gruppe herauszuarbeiten. Für sie und ihre Freundinnen heißt Missionarin sein vor allem, das Evangelium da, wo man ist, leidenschaftlich zu leben: auf der Straße, die auch die Straße der Ungläubigen ist; in den Büros und den Werkstätten, die auch ihre Werkstätten und ihre Büros sind. Wo man auch sei, wirklicher Missionar ist nur, wer sich rückhaltlos der Liebe ausliefert. In einer langen Betrachtung über das missionarische Leben des gewöhnlichen Christen unterscheidet Madeleine die verschiedenen Wege, welche diese „Missionare ohne Schiff“ einschlagen können. Alle Wege sind gut und nützlich für die Kirche. Der ihre ist nur ein kleiner „Saumpfad“, ein noch wenig erforschter Weg ohne Markierung, auf dem sich die Menschen drängen. „Aber schlagt diesen Wanderern keine Methoden und Techniken vor“, sagt sie.

Leben in Gemeinschaft

1945 – 1952

In der Zeit unmittelbar nach dem Krieg befindet sich die Kommunistische Partei Frankreichs im Aufwind. Da viele ihrer Mitglieder sich in der Widerstandsbewegung ausgezeichnet haben, wird sie mit dem Beinamen „Partei der Erschossenen“ ausgezeichnet und erhält somit jenes patriotische Ansehen, das ihr früher abging. Immer mehr Mitglieder schreiben sich ein und lassen die schwarze Periode des Kriegsbeginns in Vergessenheit geraten. Mehr als zehn Jahre lang wird sie für die erste Partei Frankreichs gehalten. Unter den Intellektuellen genießt ihre Lehre hohes Ansehen. In der Euphorie der Befreiung wird der Begriff vom „französischen Weg zum Sozialismus“ geprägt. Zum ersten Mal werden kommunistische Minister von General de Gaulle in die Regierung berufen.

Nach der Rückkehr der kommunistischen Verantwortlichen an die Spitze der Stadtverwaltung ist Madeleines Arbeit schwieriger und zugleich interessanter geworden. Mit dem ihr eigenen Scharfblick durchschaut sie schnell, ob es nur um die Verbesserung der Lebensbedingungen der Arbeiter geht oder ob man unmerklich in eine radikalisierende und gegen den Glauben gerichtete Propaganda abgleitet. Sie muß unaufhörlich beobachten, unterscheiden, analysieren. Ihr Kriterium ist das Evangelium. In aller Offenheit bekennt sie, warum sie manches billigt und anderes ablehnt. Es widerspräche ihrer Natur, den Schwierigkeiten auszuweichen.

So mußte es Verwunderung hervorrufen, als Madeleine kaum zwei Jahre, nachdem sie diese Arbeit angenommen hat, ihre Stellung auf dem Bürgermeisteramt, aufgibt und zum 1. Oktober 1946 aus dem Sozialdienst ausscheidet. Sie weist damit auch die Einladung zurück, sich bei den Kommunalwahlen auf die von der kommunistischen Partei geführte Einheitsliste setzen zu lassen. Ihr Rückzug setzt viele in Erstaunen, nicht zuletzt den Generaldirektor der Sozialarbeit in der Präfektur der Seine. Er hatte damit gerechnet, daß sie auf der Ebene höherer politischer Verantwortungen in das öffentliche Leben eintreten werde. Nach seiner Meinung besaß sie dafür nicht nur die Fähigkeit, sondern auch das nötige Charisma.

Was war geschehen? Diesen wichtigen Posten aufzugeben und das Milieu der militanten Kommunisten zu verlassen war ein schwerwiegender Schritt, den Madeleine gewiß nicht leichten Herzens vollzogen hat. Doch viele Gründe drängen sie zu dieser Entscheidung. Entscheidend – und dies mag manchen überraschen – ist letztlich der hohe Stellenwert gewesen, den sie dem Leben ihrer Gemeinschaft beimißt.

Gewiß spielte auch das Drängen ihrer Umgebung eine Rolle. Ihre Gemeinschaft, das traditionelle christliche Milieu und selbst Abbé Lorenzo verstehen nicht immer die Kühnheit, mit der sie ihre Auffassungen in der Stadtverwaltung vertritt, ihre Bewunderung für die Kommunisten, ihr Einverständnis mit manchen ihrer politischen Ansichten. Sie fürchten, daß sie der „marxistischen Verführung" nachgeben und andere mitziehen könnte. In ihrer Umgebung besteht man darauf, daß sie ihre zu schwere und ungewisse Tätigkeit aufgibt und sich vor allem der kleinen Gruppe von Christinnen widmet, die sich für dieselbe Lebensweise wie sie entschieden haben.

In Wirklichkeit hatte Madeleine nie aufgehört, ihnen nahe zu sein; sie hielt einen anstrengenden Rhythmus von Begegnungen, Gebetsstunden oder gemeinsamer Besinnung aufrecht. Doch ihr Programm war allzu dicht, ihr stets bewegtes Leben von einer gewissen „Maßlosigkeit" geprägt. Sie konnte nichts tun, ohne alle ihre Kräfte einzusetzen. Wenn ein Bericht termingerecht abgegeben werden mußte oder wenn es darum ging, am Bett eines Kranken zu bleiben, konnte sie drei Nächte nacheinander wachen und dann vierundzwanzig Stunden ununterbrochen schlafen. Obwohl sie öfter ernstlich krank ist, zeigt sie eine erstaunliche Zähigkeit, und anderen gelingt es kaum, mit ihr Schritt zu halten. Ihre Eile überträgt sich leicht auf ihre Umgebung, und ihre Gabe, zu jedem Anlaß alle verfügbaren Kräfte zu mobilisieren, in ihrer Equipe wie außerhalb, ist eher dazu angetan, im Haus ein gespanntes, gereiztes Klima zu schaffen. Madeleine ist sich dieser Situation bewußt, und sie weiß, daß sie etwas daran ändern muß. So wagt sie es, ein Betätigungsfeld einzuschränken, das sie begeistert hat. Ein Opfer, das sie viel kostet und das uns erkennen läßt, welche Bedeutung sie dem Gemeinschaftsleben beimißt.

Dabei schien diese kleine Gruppe von inzwischen fünfzehn Frauen kein besonderes Gewicht zu haben. Nichts anderes hatte sie zusammengeführt als das Verlangen, in kleinen Equipes in gewöhnlichen Häuser, die allen offenstehen sollten, ein Leben im Geist des Evangeliums zu führen. In ihrem Haus gibt es weder eine Kapelle noch einen Gebetsraum als Zeichen der Gegenwart des Herrn. Sie glauben freilich, daß er bei ihnen wohnt, schlicht und einfach deshalb, weil sie in seinem Namen versammelt sind, in lebendiger Gemeinschaft untereinander, in einem Leben für die Welt. Natürlich wissen sie, daß sie angegriffen werden können, weil sie im Gefüge christlicher Gemeinschaften ungewöhnlich sind.

Sie verstehen sich als kleine, an sich unbedeutende Zelle in der Kirche, die dadurch Wert bekommt, daß Christus sie sich zu seiner „Wohnung" erwählt hat. „Wo zwei oder drei in meinem Namen versammelt sind, da bin ich mitten unter ihnen" (Mt 18,20). Sie sind da, um „so weit, wie sie gehen können, die Liebe Christi, die wahre Liebe zu den anderen" zu leben.

Ungefähr zu dieser Zeit beginnen aus Madeleines Feder die Betrachtungen von Alcide zu fließen, dem kleinen fiktiven Mönch. Sie sagt: „Alcide ist der einfache Christ im Kampf des Alltags. Bei irgendeinem Ereignis, einer Gelegenheit, einem moralischen Schock, einer Nervosität zeigt Alcide den springenden Punkt auf …" Mit Humor und liebenswürdiger Selbstironie macht er seine Notizen in einem Heft, um nicht zu vergessen … Man kann nicht umhin zu denken, daß Alcides Abenteuer die von Madeleine erzählen. So, als sie nach ihrem Fortgang aus dem Bürgermeisteramt von Ivry notiert:

Mit einem Federstrich entheben dich andere der drückenden Last der Verantwortung; du solltest täglich dafür danken.
(Als man ungerechterweise seiner kurzen Karriere ein Ende setzte.)[1]

Ist nicht von ihren eigenen Schwierigkeiten im Gemeinschaftsleben die Rede, wenn sie schreibt:

Deine Söhne werden dich ungern ausgehen sehen, wenn dein Herz nicht mehr bei ihnen ist.
(Als der kleine Mönch einmal verspätet nach Hause kam und seine Söhne einen Trotzkopf aufsetzten.)[2]

Madeleines Freundinnen werden erst später begreifen, was der Abschied vom Bürgermeisteramt in Ivry für sie bedeutete. Sie durchlebt diese Prüfung ganz allein, denn trotz ihrer Offenheit und Gesprächigkeit liegt es nicht in ihrem Charakter, vertrauliche Mitteilungen über das zu machen, was sie bedrückt und erlitten hat. Madeleine kann sich mit Zähigkeit, gelegentlich sogar mit Verbissenheit einer Sache widmen und sie aufs vollkommenste erfüllen, wenn sie den Eindruck hat, das Evangelium dränge sie dazu. Doch zugleich ist sie fähig, anderen stillschweigend das Feld zu überlassen, wenn neue Umstände es geboten erscheinen lassen.

Madeleines Leben ist von offensichtlichen Mißerfolgen und Einbrüchen durchzogen, die ganz auf der Linie der Berufung liegen, der sie folgen will. Vielleicht gewinnt sie gerade aus diesen Erfahrungen neue Einsichten.

Sie hat es sich zur Gewohnheit gemacht, die Ereignisse zum Anlaß zu nehmen, um vorwärts zu gehen. Der Weggang vom Bürgermeisteramt wird für sie zur Gelegenheit, ihren Weg näher zu bestimmen. Sie schöpft daraus „eine Fülle von Gewißheit über den Weg, den Gott weist". Schon in der Schrift „Missionare ohne Schiff" hatte sie betont, daß die Liebe, die sich selbst genügt, immer den Vorrang habe. „Es geht nicht so sehr darum", erklärt sie von neuem, „eine bestimmte Arbeit in der Kirche zu tun, sondern sich ganz der Liebe Jesu zu weihen – und allen Menschen um seinetwillen."

Das Evangelium weist den Weg. Madeleine kommt unaufhörlich darauf zurück. Es ist bemerkenswert, daß viele ihrer Texte aus dieser Zeit Meditationen über das Wort Gottes sind. Sie zeigen, wie sie die Heilige Schrift liest: Sie ist für Madeleine vor allem Kontemplation.

Das Evangelium ist das Buch über das Leben des Herrn, und es will auch das Buch unseres Leben werden. Es ist nicht dazu da, verstanden zu werden; vielmehr sollen wir uns nahen wie einer geheimnisvollen Schwelle. Von da aus werden wir unmittelbar zum Kreuz geführt. Unsere Berufung geht vom Kreuz aus und führt zum Kreuz, weil sie die Berufung des Evangeliums ist. Der Herr hat uns das Losungswort für den Weg des Evangeliums gegeben: Wer mir nachfolgen will, nehme sein Kreuz auf sich.

Ein unbegreifliches Wort, wenn man nicht zuvor den Schritt vollzieht, der uns in das Geheimnis Christi führt; ein vielleicht unerträgliches Wort für eine „Mystikerin der Praxis"; aber für eine Christin wie sie ist es der klare Weg. Der Gehorsam nimmt eine zentrale Stellung in dieser Spiritualität ein, weil er im Mittelpunkt des Lebens dessen stand, der nach Paulus gehorsam geworden ist bis zum Tod. „Aus allem Holz Gehorsam machen“, schreibt Madeleine in einem Artikel über das Beten der Laien. Oft singt sie, was sie betet, und der „Ball des Gehorsams“, der einige Jahre später veröffentlicht wird, ist er nicht in dieser schwierigen Etappe Tag für Tag gelebt worden?

Will einer ein guter Tänzer sein,
mit dir oder sonstwie,
darf er nicht wissen,
wohin es führt.
Nur folgen muß man,
aufgelegt sein und schwerelos,
und vor allem sich nicht versteifen.
Man soll dir keine Erklärungen abverlangen
über die Schritte, die du zu tun beliebst,
sondern sein wie eine Verlängerung deiner,
behende und wendig,
und durch dich hindurch
den Takt des Orchesters aufnehmen.
Man darf nicht um jeden Preis vorankommen wollen,
sondern soll zufrieden sein, sich zu drehen,
seitwärts zu steppen,
anzuhalten, wenn nötig,
und zu gleiten, anstatt zu schreiten.
Und all das wären nur idiotische Schritte,
machte nicht die Musik daraus eine Harmonie. –
Wir hingegen vergessen die Musik deines Geistes,
und machen aus unserem Leben eine Turnübung;
wir vergessen, daß es in deinen Armen getanzt wird,
daß dein Heiliger Wille
von unvorstellbarer Phantasie ist ...[3]

Ein so tiefer Gesang entspringt einer innersten Überzeugung. Madeleine war eine hervorragende Tänzerin gewesen, und nie hat sie den Sinn für Rhythmus und Anmut verloren. Wie sollte sie nicht die Liebe mit der gleichen Fröhlichkeit, der gleichen Leichtigkeit leben? Sich von einem absoluten Vertrauen tragen lassen: das ist ihr Verständnis von Gehorsam. Nicht wie ein Halseisen, wie ein Zügel, sondern wie ein Einschwingen in die Schritte des Herrn. Gott weiß, daß es gelegentlich ein Tanz auf dem Vulkan ist, aber was macht das, solange man sich jenes Vertrauen bewahrt, von dem die Psalmen sprechen?

In dieser Phase ihres Lebens, in der von ihr verlangt war, die Treue zu ihrer Gruppe einer angeseheneren Tätigkeit vorzuziehen, hat Madeleine vielleicht stärker als sonst die Last des Gehorsams gespürt. Später, im Konflikt der Arbeiterpriester mit Rom, wird sie das Gefühl haben, im Gehorsam gegen die Kirche Gott die Zügel zu überlassen. Das heißt nicht, die Arme sinken zu lassen, sondern sie zu stärken.

DIE RUE RASPAIL

Madeleine und ihre Freundinnen hatten mit ihren familiären, kulturellen und verschiedenen freundschaftlichen Banden gebrochen, um sich einem Leben in Gemeinschaft anzuschließen. Da sie aus den verschiedensten Kreisen kommen, besteht keine Gefahr der Einförmigkeit. In dieser Zeit leben in ihrer Gruppe in der Rue Raspail eine schweigsame Bretonin, die zuverlässiger ist als Granit, eine einfallsreiche Südfranzösin mit einem gewissen Pariser Einschlag, jedem Konformismus abhold, eine sehr methodische Gesangslehrerin, die mit fünfzig Jahren ihr gemütliches Heim in einem vornehmen Pariser Viertel gegen ein unberechenbares Leben ohne geordneten Tagesablauf eingetauscht hat, und eine schüchterne, aber energische ehemalige Lehrerin, die jetzt in einer Fabrik arbeitet.

Sie üben Berufe aus, die es ihnen ermöglichen, in ihrem Viertel zu bleiben: Krankenschwester, Fabrikarbeiterin, Sekretärin ... Eine muß stets zu Hause sein, um die zahlreichen Besucher empfangen zu können. In dem alten Haus ohne jeden Komfort, in dem die Öfen kaum gegen die Kälte und den Durchzug ankommen, herrscht ein ständiges Kommen und Gehen.

Einer durchreisenden Freundin war es schlichtweg unbegreiflich, wie sich derart unterschiedliche Frauen auf das Abenteuer eines Gemeinschaftslebens hatten einlassen können: „Wirklich, euer Zusammenleben gibt mir ein Rätsel auf." Was hielt sie allen Widrigkeiten zum Trotz zusammen? Wohl nur der ständige Bezug zum Evangelium, das im Gebet verinnerlicht wird; die feste Entschlossenheit, die täglichen Schwierigkeiten des gemeinsamen Lebens zu überwinden und „so weit, wie man gehen kann, die Liebe Christi zu leben". Sie wissen, daß sie die Liebe Christi nur mit der Liebe zu den anderen vergelten können.

Jede bringt sich ihrem Temperament entsprechend ein. Madeleine trägt mit wohltuendem Schwung dazu bei, die Gemeinschaft zu stärken, mit einer beruhigenden Kraft, mit unerschöpflicher Zärtlichkeit und Erfindungsreichtum: Da ist das kleine, an sich wertlose Geschenk, gerade passend und so persönlich, daß nur der Beschenkte seine Bedeutung erkennt; das Wort, das auf die Rückseite einer Karte hingeworfen wurde und der Betreffenden an einem Tag voller Zweifel oder Mutlosigkeit Trost bringt; ein Zeichen der Zuneigung am Abend eines freudigen oder schmerzlichen Gedenktages; ein Lied oder ein Reim, um die Sorgen zu vertreiben.

Rue Raspail oder „Nummer elf", wie manche sagen, wird zu einem Zentrum tätiger Nächstenliebe, ein Ort der Begegnung und des Dialogs. Der Tisch ist immer für Gäste gedeckt, und keiner weiß je, wie viele es sein werden. Das Haus steht allen offen, die sich aussprechen oder ausruhen möchten, die Unterstützung brauchen oder wieder aufgerichtet werden müssen.

Madeleine ist bei diesen einfachen, familiären Begegnungen ganz in ihrem Element. Jeder ist für sie einmalig und bevorzugt, jedem wendet sie ihre besondere Liebe zu.

Es ist unmöglich, alle zu erwähnen, die dort zu Hause waren. Wer spricht schon gern von seinen Familiengeschichten, besonders wenn es sich um vertrauliche oder bisweilen schmerzliche Dinge handelt? Es ist nicht leicht, auch nur eine annähernde Vorstellung von dem Leben zu geben, das die Gemeinschaft beseelt und verbindet.

Da ist Charlotte, die Blinde, die Madeleine schon als junges Mädchen in Paris kennengelernt hatte und die jetzt mit ihrer Enkelin ganz in der Nähe wohnt. Da ist Tontin, der Lagerarbeiter, der Bretone mit dem gütigen und hilfsbereiten Herzen, der sich im Garten seine kleine Werkstatt zurechtgezimmert hat, die ganz ihm gehört. Er bastelt und repariert, sobald im Haus etwas nicht in Ordnung ist. Da ist eine halbe Landstreicherin, die sich mit der Zeit in eine kleine Dame verwandelt und liebevoll Tata-Lou genannt wird. Dann sind da die Arbeitskollegen ... und die Freunde der Freunde. Man müßte –zig, ja hundert Namen nennen, und jeder Name riefe ein geliebtes Gesicht, eine bewegende oder ergreifende Geschichte ins Gedächtnis.

Lustige Abenteuer wechseln mit bleibenden Erlebnissen. Manchmal muß man aus recht vertrackten Situationen herausfinden. So, als Claude, ein junger Lehrling, der nachts arbeitet und tagsüber das Bett von André benutzen kann, eine Uhr stiebitzt, die da herumlag. Alles wäre halb so schlimm gewesen, wenn das elende Stück nicht der impulsiven Schwiegermutter von André gehört hätte. Das Objekt war also unersetzlich, und André hätte gut darauf aufpassen sollen. André hat ernstlich Grund, seine Schwiegermutter zu fürchten, und die Uhr muß um jeden Preis wiedergefunden werden. Alle helfen dabei, mit Erfolg – oder auch nicht: denn es läßt sich nicht vermeiden, daß Claude angezeigt wird und eine Strafe absitzen muß. Die Gruppe versucht, Claude mit Briefen, Decken und Paketen zu trösten – bis zum Tag seiner Entlassung, den er natürlich in der Rue Raspail feiert.

Andere Abenteuer nehmen glücklicherweise ein besseres Ende. Noëlle kämpft wie eine Löwin, um ihre Tochter allein zu erziehen, aber wird in allen Werkstätten abgewiesen, weil ihr Gesicht infolge einer Hauttuberkulose entstellt ist. Nur eine kostspielige Schönheitsoperation würde ihr die Chance geben, ein normales Leben zu führen. Planstabsmäßig wird die Aktion organisiert, und dank der großzügigen Hilfe von Freunden gelingt es schließlich, den chirurgischen Eingriff zu finanzieren.

Als Luigi, der italienische Schuster, in Depressionen verfällt, holt Marie-Aimée ihr Talent als Sängerin und Pianistin wieder hervor. Luigi, der daraufhin auch seine Melodien im Haus erschallen läßt, findet seine Lebensfreude wieder; dann erhält er Gelegenheit, vor einem begeisterten Publikum aufzutreten, denn er hat eine sehr schöne Stimme. Es spricht sich herum. Die Gesangsabende sind Gelegenheiten zu froher Begegnung, wo jeder seine Talente zeigt.

Man müßte auch beschreiben, wie „Rue Raspail“ und „Die Baracke“ miteinander verbunden sind. Man hilft sich aus, besucht sich gegenseitig und verbringt ganze Stunden miteinander. „Die Baracke“, so nennt eine italienische Großfamilie ihre Wohnung. Es ist in der Tat eine Baracke, aber es geht dort sehr fröhlich zu. Sie verkaufen auf dem Markt, sie lieben die Musik, die Diskussion, die Lebensfreude. Sie sind politische Flüchtlinge vor dem italienischen Faschismus, das verrät ihre politische Farbe. Als überzeugte und engagierte Kommunisten lieben sie den Meinungsaustausch, die Freundschaft mit den „Mädchen“ aus der „Rue Raspail“, wie sie sagen, besonders mit der talentierten, großzügigen Madeleine. Kein besonderer Anlaß, kein Fest vergeht, ohne daß man sich besucht. Madeleine schreibt kleine Szenen und Lieder; man tanzt, man singt:

Wenn man sich einmal begegnet ist,
so hat das nicht viel zu bedeuten.
Aber so sollte die Liebe beginnen,
und das ist etwas sehr Großes.
Wenn man sich einmal begegnet ist,
beginnt eine neue Etappe,
wenn man sich einmal begegnet ist,
begegnet, um sich zu lieben.
Wenn man sich einmal verstanden hat
trotz so vieler Verschiedenheiten,
wenn man die Liebe gefunden hat
trotz solcher Entfernungen,
wenn man sich einmal verstanden hat
und unser Dasein verbunden,
wenn man sich einmal verstanden hat,
unsere Liebe gemeinsam zu leben.
Wissen, daß unser aller Herzen
für die gleiche Sache schlagen.
Wissen, daß es kein Glück geben kann,
wenn man die Tür verschlossen hält.
In unserer Welt voller Leid
lassen wir unsere Tür nicht verschlossen
und geben wir alle unser Herz dahin,
damit die Welt glücklich wird!

Als „die Baracke" durch unglückliche Umstände in eine Krise gerät, ist die Gruppe zur Stelle, allen voran Madeleine. Sie scheut kein Mühen und reist bis nach Italien, um die Familie zusammenzuhalten, die sich leider dennoch auflöst.

Aus der großen Schar der Freunde verdient einer besondere Erwähnung, denn er kennt sie alle. Jean Durand war schon ein alter Herr, als er 1950 Madeleine kennenlernte. Er war Professor an der Ecole Centrale gewesen, danach für kurze Zeit Ingenieur bei den Stahlwerken der Marine. Unter seinem gepflegten, klassischen Äußern verbirgt er einen starken Nonkonformismus. Er möchte seine freie Zeit als Pensionär interessant gestalten und dabei dem Evangelium dienen. So wird er ein erfinderischer Helfer der „Rue Raspail", in deren liebenswerten Unordnung er sich sofort am richtigen Platz weiß. In seiner Gesellschaft fühlen sich alle wohl. Er nimmt an etlichen Versammlungen teil, ist bei wichtigen Entscheidungen und manchem Fest dabei. Wenn es etwas zu reparieren gilt, ist er zur Stelle. Es gibt keinen Freund von Nr. 11, der nicht Herrn Durand kannte und sich liebevoll nach ihm erkundigte. Er hinterläßt der Gruppe ein Tagebuch, das er seit seiner ersten Begegnung mit Madeleine regelmäßig geführt hat. „Das Tagebuch von Herrn Durand" ist eine Quelle außerordentlich wertvoller Auskünfte.

Das Leben miteinander folgt keinen festen Programmen. Es sind die Freunde, die durch ihren Geschmack, ihre Bedürfnisse, ihre Ideen (oder ihre Ideenlosigkeit!) Unternehmungen anregen, bei denen alle auf ihre Rechnung kommen. Die Probleme des einen werden zu Problemen aller, und man strengt sich an, eine Lösung zu finden, um die Sache wieder ins Lot zu bringen – wie in einer großen Familie.

Als ein junges Ehepaar aus seiner möblierten Wohnung herausgesetzt wird, bildet sich eine Arbeitsgruppe, die im hinteren Teil des Gartens ein Häuschen, das sog. „Schloß von Malika", baut. Für eine andere Familie, die besonders schlecht untergebracht war, findet sich eine besondere Lösung: Eine treue Pfarrangehörige, eine alte Gemüsegärtnerin, „die vollkommenste alte Dame, die es gibt", wie Madeleine sagt, stellt ihre eigene Wohnung zur Verfügung und zieht bis zu ihrem Tod in zwei Zimmer der ersten Etage von Nr. 11. Mehr als zwanzig Jahre lang gehört sie zum Haus, dessen Garten plötzlich sehr gut gepflegt wird.

Eine besondere Freude für alle die Hochzeit von Sylvia, deren dunkle Vergangenheit eine trostlose Zukunft erwarten ließ. Als Henri in ihr Leben trat, nahm alles eine glückliche Wende.

Nach einer Art „Gesetz der Serie" gehörten in manchen Phasen ganz bestimmte Personengruppen zu den vorrangigen Besuchern und Freunden: Da gab es das Jahr der Kinder, die für einen Tag oder mehrere Wochen aufgenommen wurden, weil ihre Eltern große Sorgen hatten ..., das Jahr der verlassenen jungen Frauen, das Jahr der Depressiven und Selbstmordgefährdeten, die viel Aufregung und schweren Kummer verursachten. All diese Freunde bilden eine freie Gemeinschaft, die durch keine andere Verpflichtung mit Rue Raspail verbunden sind als der der Freundschaft.

Das tägliche Leben teilen heißt ...: da gewesen sein für diesen oder jenen mit seinen Nöten, wie sie für uns und unsere Nöte da gewesen sind. Es heißt, die frohen Anlässe, die ihr Leben säumen, miteinander gefeiert zu haben oder sich gemeinsam über ein neues Glück gefreut zu haben; es heißt, gemeinsam gehofft zu haben, daß die allzu drückenden Prüfungen erspart bleiben würden.

So viele geteilte Sorgen sind manchmal schwer zu tragen. Um die Atmosphäre aufzulockern, veranstaltet man gemeinsame Feste. Madeleine liebt es, zu lachen und Komödie zu spielen, wie die Beschreibung der Gruppe bezeugt, die sie als „Herrn Raspail" vorstellt.

Herr Raspail ist eine Persönlichkeit, die man nur ziemlich schwer vorstellen kann. Ich habe ganz widersprüchliche Auskünfte über ihn erhalten. Ich gebe sie so wieder, wie sie mir übermittelt worden sind: Herr Raspail ist ein Mann in mittleren Jahren, nicht gut, nicht schlecht, eher sympathisch, eher schlecht gekleidet, der mit seinem Schicksal zufrieden zu sein scheint. Die frommen Leute halten ihn für einen Revolutionär, die Klatschmäuler denken, er sei ein ehemaliger Seminarist, die Lästerzungen vermuten zweifelhafte Sitten ... Viele Menschen kommen zu ihm und suchen Kontakt mit ihm. Sein Beruf ist, wie er selber, schwer zu bestimmen. Man könnte sagen, er sei gut für alles. Man sieht ihn abwechselnd als Hausreiniger, Mechaniker, Krankenpfleger, Rechtsgelehrten. Oft ist er in dunkle Angelegenheiten mit der Polizei verwickelt, aber es kommt nie zu Gefängnisstrafen, was selbst seine besten Freunde in Erstaunen versetzt.

FÜR DIE ANLIEGEN DER ARBEITER

Für Madeleine, die es sich zur Lebensregel gemacht hat, „Schulter an Schulter mit allen Frauen und Männern auf der ganzen Welt" zu leben, bedeutet diese universelle Öffnung nicht den Abschied von der kommunistischen Welt, die ihr so teuer ist, noch von deren Kämpfen. Obwohl sie ihre berufliche Tätigkeit unter den Kommunisten aufgeben mußte, weil diese sie zu sehr beanspruchte, will sie doch nicht „brechen, was nicht zu brechen ist, noch verlassen, was gesucht werden muß". Den Gegensatz zum Atheismus ihrer kommunistischen Freunde, durch den sie unter ihnen eine „Fremde" ist, begreift sie als Einladung, sie noch mehr zu lieben.

Deshalb verfolgt sie aufmerksam alles, was sich in der Stadt Ivry ereignet, und ist bereit, an den gemeinsamen Aktionen teilzunehmen, die von der Stadtverwaltung angeregt werden, um den Kampf der Arbeiter zu unterstützen. Sie ist glücklich, Seite an Seite mit ihren ehemaligen Arbeitskameraden zu stehen und bei verschiedenen Gelegenheiten mit ihnen aktiv werden zu können.

Die „Flitterwochen" zwischen der Kommunistischen Partei und der Regierung gehören jetzt der Geschichte an. Im Jahre 1947 kommt es zur Konfrontation zwischen den beiden Blöcken von Ost und West. Der „Eiserne Vorhang", von dem Churchill gesprochen hatte, senkt sich endgültig über Mitteleuropa. Am 12. März entwickelt Präsident Truman vor dem Kongreß seine Doktrin von der Hilfe für „die freien Völker, die den Versuchungen zur Versklavung widerstehen". Die amerikanische Hilfe für Griechenland und die Türkei wird verstärkt. In Frankreich wachsen die Spannungen zwischen der Kommunistischen Partei, ihren sozialistischen Verbündeten und der Republikanischen Volksfront. Die internationale Lage, die Kolonialfrage in Madagaskar und Indochina, wo der Krieg unvermeidlich scheint, aber auch die inneren Angelegenheiten und die immer mehr um sich greifenden Streikbewegungen verschärfen die Gegensätze. Am 5. Mai bricht die Krise offen aus, die kommunistischen Minister mit Thorez an der Spitze verlassen die Regierung Ramadier. Aber es dauert noch bis zum Herbst und der Gründung des Kominform anstelle der Internationalen, bis die Partei in die vollständige und aktive Opposition geht.

1947/48 ergießen sich die Züge der Streikenden über ganz Frankreich. Die öffentlichen Dienste sind besonders betroffen: Eisenbahn, städtische Verkehrsmittel, staatliche Gesellschaften. Die Streiks legen das Land lahm und greifen von einer Fabrik zur anderen über, von Paris auf die Provinz. Auf turbulenten Kundgebungen machen die Arbeiter ihre Forderung deutlich, die Geschicke des Landes mitzubestimmen und bessere Lebensbedingungen zu erlangen. Sie sind sich bewußt, daß sie nach den Opfern der düsteren Kriegsjahre ein Recht darauf haben. Ivry steht an der Spitze des Kampfes.

Während 1936 die Christen von Ivry hinter ihren Fenstern mit einem leichten Gruseln, ja, mit ungläubiger Bestürzung die Arbeiterzüge durch die Straßen marschieren sahen und ihre revolutionären Parolen schreien hörten, durch die sie ihre Rechte geltend machen wollten, finden sich nun etliche von ihnen unter den Streikenden. Unter den Fabrikarbeitern von Ivry hatte es immer schon einige wenige Arbeiter gegeben, die ihren christlichen Glauben bewahrt hatten, aber die Radikalität der Gewerkschaftskämpfe machte ihnen Angst. Seit zehn Jahren haben sich die Dinge geändert. Die Christliche Arbeiterjugend stellt sich immer deutlicher an die Spitze des Arbeiterkampfes, eines Kampfes, den Christen aus anderen sozialen Verhältnissen unterstützen. Arbeiterpriester und aktive Mitglieder der *Mission de Paris* arbeiten jetzt im Namen ihres Glaubens mit missionarischem Nachkriegseifer in den Fabriken mit ihnen zusammen. Sie haben die Entwürdigung des Menschen erfahren, der unaufhörlich Fließbandarbeiten verrichten muß, die Härte des Kampfes und die notwendigen Zusammenschlüsse, um den Widerstand der Arbeitgeber zu brechen. Die Ungerechtigkeit der bestehenden sozialen Strukturen ist in dieser Epoche für sie vor allem Gegenstand der Beobachtung, der sie erschüttert; später entdecken sie dann den Klassenkampf mit all seinen Folgen.

In der gleichen Zeit und aufgrund solcher Erfahrungen setzen sich christliche Gruppen auch gedanklich mit marxistischen Vorstellungen auseinander. Sie beschäftigen sich mit dem Wert der durch menschliche Arbeit umgeformten Materie, sie entdecken den Wert der Solidarität von Menschen, die durch dasselbe Schicksal verbunden sind und gemeinsam für eine bessere Zukunft eintreten. Es geht ihnen auf, daß der christliche Glaube in diese Bewegung eingebracht werden muß. Arbeiterpriester mit dieser Überzeugung werden in verantwortliche Ämter der Gewerkschaften hineingezogen; ihre Arbeitskameraden drängen sie übrigens dazu. Es ist ihnen nicht mehr möglich, bei dieser Umwälzung passiv zu bleiben. Die kommunistische Werbung bringt sie dazu, mehr und mehr mit der Partei zusammenzuarbeiten und ihre Methoden zu übernehmen. Die Streiks werden immer zahlreicher, mit ihnen aber leider auch die Not der Familien ohne Einkünfte und ohne Ersparnisse.

Die Gruppe „Rue Raspail“ zählt zu dieser Zeit zwei Arbeiterinnen, die in Ivry eingesetzt sind, und so kommt es, daß manche Streikversammlungen im Haus fortgesetzt werden. Das ist der Ausgangspunkt für neue Beziehungen. Madeleine, die von den Gegebenheiten ausgeht, die sie durch die vielen Kontakte mit der Arbeiterwelt kennenlernt, verfaßt Notizen über die Lebensbedingungen der Proletarier. Diese Aufzeichnungen sind offenbar für jene bestimmt, die das Problem zu kennen glauben, jedoch die eigentlichen Anfragen an die Gesellschaft und ganz besonders an die Christen verkennen. Sie verfaßt schließlich einen Artikel, der Anfang der fünfziger Jahre in der Zeitschrift *Esprit* veröffentlicht wird und der ihr viele Zuschriften einträgt. Darin schreibt sie u. a.:

Die Kenntnis der Arbeiterwelt mit den Grenzen, von denen wir sprachen, und ihrem festumrissenen Gebiet erscheint uns für alle Zeitgenossen unentbehrlich. Um zu handeln, muß man klar sehen. Aber leben heißt handeln, und im Jahr 1950 leben heißt, ob man es will oder nicht, auf die Lebensbedingungen der Arbeiterwelt einwirken ...[4]

Dieser Text hat nichts von seiner Aktualität verloren: Er bleibt ein Ansporn, unsere Blindheit und Gleichgültigkeit angesichts der Nöte und Ungerechtigkeiten auf nationaler wie internationaler Ebene zu erkennen und zu überwinden. Zu jener Zeit trägt dieser Artikel Madeleine die empörten Proteste christlicher Arbeitgeber ein, Menschen guten Willens, die aber den Zwängen des gesellschaftlichen Systems nicht entkommen. Erbittert wenden sie sich gegen vermeintlich schädliche Angriffe auf eine unabänderlich geglaubte soziale und politische Ordnung. Madeleine kommt mit ihnen ins Gespräch. Sie bemüht sich, sie besser zu verstehen und ihnen zugleich die Lebensbedingungen der Arbeiter aufzuzeigen, um ihnen die Augen für den Skandal der Ungleichheit und der sozialen Ungerechtigkeiten zu öffnen.

Streiks bieten oft Gelegenheit, neue Bindungen herzustellen und zu verstärken. Madeleine und ihre Freundinnen lernen zu der Zeit politische Flüchtlinge, Widerstandskämpfer, die den Lagern der Nazis entronnen waren, kennen. Mehrere von ihnen, Spanier, wurden nach ihrer Rückkehr vorübergehend in der Rue Raspail aufgenommen. Aufgrund des gemeinsamen Engagements während der Streikbewegungen von 1947 nehmen sie so sehr am Leben der Gruppe teil, daß sie aus ihrer Geschichte nicht wegzudenken sind.

Eine der bemerkenswertesten Episoden dieser Geschichte war die Gründung eines Komitees für die Befreiung eines 1949 zu Unrecht inhaftierten Spaniers: Jean Miguel Grant. Er hatte eine bewegte Vergangenheit: Als republikanischer Kämpfer und Gegner Francos geriet er 1939 in das Internierungslager von Vernet. Während der Besatzung schloß er sich den Partisanen an. Nun wird er angeklagt, seine Hand bei einer Rechnungsfälschung während seiner Teilnahme an den Widerstandskämpfen im Spiel gehabt zu haben. Er beteuert, stets nach den militärischen Dienstvorschriften und auf Befehl seiner Vorgesetzten gehandelt zu haben; aber entsprechende Aussagen von Entlastungszeugen werden im Prozeß übergangen. Die Beweise seiner Unschuld werden erst viel später zusammengetragen und für gültig erklärt, dank der unermüdlichen und beharrlichen Tätigkeit des Komitees. Zunächst aber wird Grant 1949 zu zehn Jahren Gefängnis verurteilt.

Seit langem kennt er den leidenschaftlichen Schwung, mit dem Madeleine sich dem entgegenstellt, was sie für unrecht erachtet. Seit seiner Inhaftierung beschwört er sie, alles zu unternehmen, was sie kann. Madeleine prüft mit ihren spanischen Freunden die Unterlagen. Sie entdeckt zahlreiche Unregelmäßigkeiten, sowohl in der Darlegung des angeblichen Tatbestands wie im Prozeßablauf. Die Kommunistische Partei Spaniens setzt sich mit der von Ivry in Verbindung. Man beschließt eine Initiative für die Freilassung Grants und bildet ein Komitee mit Georges Marrane und Madeleine Delbrêl, dem sich die protestantischen Pastoren von Ivry, katholische Priester und bald auch viele andere anschließen. Mit den Mitgliedern des Komitees organisiert Madeleine Bezirksversammlungen und Treffen, macht Eingaben und unternimmt Schritte bei Rechtsanwälten und Justizbehörden. Je mehr man indessen die Akten untersucht, desto größer werden die versteckten Widerstände. Offenbar haben gewisse Leute, die vorgeben, das Opfer unterstützen zu wollen, kein Interesse, die Angelegenheit neu aufzurollen und rückhaltlos aufzuklären.

Aber die Öffentlichkeit ist alarmiert. Man versucht alles. Da die Wiederaufnahme des Prozesses unerklärlicherweise verweigert wird, verlangt das Komitee die Anwendung des Amnestiegesetzes. Sollte die Amnestie verweigert werden, würde man bis zum Präsidenten der Republik gehen. Für ihn wird ein Bericht verfaßt, den Madeleine mit folgenden Worten präsentiert:

Seit nunmehr zwei Jahren befasse ich mich mit dieser Geschichte. Ich habe in diesen zwei Jahren versucht, das für ihn zu tun, was seine Mutter täte. Wenn ich versuche, ihn zu befreien, so verfolge ich damit keine politischen Ziele. Die gründliche Untersuchung der Angelegenheit hat mich zu der Überzeugung gebracht, daß Grant nicht ins Gefängnis gehört. Ich habe alle Etappen seiner Angelegenheit und seines Prozesses von neuem durchgesehen. Ich war erstaunt über viele Unregelmäßigkeiten. Ich war erstaunt, daß die einfachsten Grundregeln der Achtung menschlicher Würde mißachtet worden sind. In dem beiliegenden Schreiben habe ich versucht, diese Unregelmäßigkeiten und diese Grundregeln der Hochachtung aufzuzeigen ... Ich bitte um Begnadigung für Miguel Grant.

Bei soviel zäher Verbissenheit macht Madeleine sich auch Feinde, und der Kampf ist nicht ohne Gefahr. Aber Grant sitzt im Gefängnis und soll heraus! Als Vertreterin des Komitees wird sie vom Präsidenten Vincent Auriol empfangen. Endlich begnadigt er Miguel Grant, der nach zweijährigem Bemühen am 10. August 1951 freigelassen wird.

In Spanien selbst gibt es Anlaß zur Sorge. Es kommen Echos, in denen von nichts anderem die Rede ist als von den Leiden des Volkes, den Auswüchsen des Polizeiregimes und von zunehmender Ungerechtigkeit. Im März 1952 wird die öffentliche Meinung durch eine neue tragische Begebenheit aufgeschreckt: die Bedrohung der „34 von Barcelona". Nachdem die Preise für öffentliche Verkehrsmittel erhöht worden waren, brach in Barcelona ein Streik der Benutzer aus. Die Hauptverantwortlichen dieser Bewegung wurden wegen Streiks angeklagt und verhaftet, um vor ein Militärgericht gestellt zu werden. Ein ungeheuerliches Mißverhältnis: für ein Pseudoverbrechen wird die Todesstrafe gefordert. Dies ist unerträglich, zumal die spanische Regierung sich für christlich erklärt. Nur eine Offensive der internationalen öffentlichen Meinung sowie der höchsten kirchlichen Instanzen in Spanien selbst können sie retten. Madeleine schließt sich dem französischen Protest an und schreibt einen offenen Brief an alle Christen in Spanien, den die spanischen Flüchtlinge überbringen wollen.

Ich möchte Ihnen von einer Geschichte der Freiheit erzählen. Uns liegen Informationen vor, daß 34 Anführer Ihrer Streiks vom März verhaftet worden sind, um einem Militärgericht vorgeführt zu werden.

Nichts von dem, was bei Ihnen geschieht, ist uns gleichgültig. Durch die alte Tatsache der „Trennung von Kirche und Staat" werden die öffentlichen Angelegenheiten in Frankreich auf weltlicher Ebene ausgetragen, auch wenn Katholiken darin verwickelt sind. Dagegen nimmt die internationale öffentliche Meinung an, daß die Kirche immer mehr oder weniger in das öffentliche Geschehen in Spanien einbezogen ist, selbst wenn die Katholiken nichts damit zu tun haben. Deshalb ist Ihre Politik für uns keine gleichgültige Angelegenheit, sondern berührt uns wie eine Familienangelegenheit ...

Zu diesen politischen Rückwirkungen gesellt sich die Sorge vieler christlicher Gewissen. Sie fragen sich in brüderlicher Gesinnung, welchen Standpunkt Sie in dieser Sache beziehen? Wie viele von uns möchten gern hören, daß Sie im Namen der Wahrheit, die frei macht, gegen eine Maßnahme protestieren, an der Sie durch Ihr Schweigen mitschuldig würden. Wenn man in manchen Ländern um der Treue zur Wahrheit willen mit den Gefangenen gefangen sein muß, so muß man vielleicht in anderen Ländern mit denen brechen, die Menschen ins Gefängnis werfen ...

Unter dem steigenden Druck der internationalen Proteste bessern sich die Haftbedingungen für die Gefangenen. Endlich werden sie entlassen. Einer von ihnen besucht auf einer Frankreichreise Madeleine, um ihr zu danken.

Solche Ereignisse sind dazu angetan, die Freundschaften zu festigen. Carmen und Alberto, die aus Hitlers Lagern entkommen konnten, sind sehr liebe Freunde geworden. Im Zusammenleben hat man gelernt, sich gegenseitig zu schätzen. Aufrichtigkeit, Selbstlosigkeit, Toleranz, Freiheit: das sind die Eigenschaften, die die einen in den anderen erkennen. Warum sollte man den Weg nicht noch ein wenig weiter gemeinsam fortsetzen?

Alberto ist Konditor von Beruf und Spezialist für „touron“, eine typisch spanische Süßigkeit aus Zucker, Eiern und geschälten Mandeln, die hauptsächlich an Weihnachten gegessen wird. Er stellt sie schon für seine Freunde in ihrer engen Wohnung her, und sie ist ausgezeichnet! Das Leben in der Fabrik bedrückt ihn, der die Unabhängigkeit liebt und einen ausgesprochenen Sinn für Brüderlichkeit besitzt. Über all das spricht er mit der Gruppe, und so entsteht die Idee, eine Produktionsgenossenschaft zu gründen, die „touron“ herstellt und verkauft.

Madeleine ist nicht beruflich gebunden. Christine kann sich ihre Zeit einteilen. Alberto bringt sein Können ein, die Gruppe stellt den Raum zur Verfügung. Der unabkömmliche Herr Durand erklärt sich bereit, das Unternehmen in verwaltungstechnischen, juristischen und finanziellen Fragen zu beraten, und wird eines der sieben Gründungsmitglieder.

Die größte Schwierigkeit ist das fehlende Kapital, doch die Hauptsache ist die solide Freundschaft untereinander, die allen Rückschlägen standhalten will. So setzt sich in der Rue Raspail eine Beziehung zwischen Christen und Kommunisten fort, die nicht mehr in kämpferischer Auseinandersetzung, sondern in der Verwirklichung einer wahren Gemeinschaft von Freunden besteht. Am 9. Mai 1952 wird auf der Generalversammlung die „Ibéry-Genossenschaft" offiziell gegründet. Dieser Name sollte an Albertos iberische Herkunft wie an „Ivry" erinnern …

Die Anfänge sind sagenhaft. Fast alles wird in Handarbeit hergestellt. Wenn nötig, stellt man durchreisende Freunde an, um Mandeln zu schälen, und niemand denkt daran, die Arbeitsstunden bei Tag wie bei Nacht nachzurechnen. Allmählich gelingt es, Maschinen zu kaufen. Wenn es am Monatsende auch schwierig wird, wenn die Löhne auch niemals großartig sind, so reicht es doch zum Leben. Für alle ist das Wichtigste, daß sich die Brüderlichkeit über viele Jahre hin bewährt hat. Erst Krankheit und Tod setzen dem Unternehmen nach fünfzehn Jahren ein Ende.

Treue zur Kirche

1952

In den Nachkriegsjahren gab es in manchen Bereichen der Kirche in Frankreich einen rapiden Wandel. Priester zogen in das entchristlichte Milieu der Umgebung von Paris, um dort missionarisch zu wirken. An Ort und Stelle, in den Straßen der Arbeiterviertel und in Hinterhöfen wollten sie kleine christliche Zellen bilden. Bald zeigte sich, daß sie mit den Arbeitern arbeiten mußten, wenn sie wirklich ihr Leben teilen wollten. Die Missionstätigkeit konnte nicht an den Fabriktoren haltmachen. Immer mehr Priester erbitten von ihren Bischöfen die entsprechende Erlaubnis, und Rom gibt seine vorläufige Zustimmung zu dem Experiment, das sicher auch Risiken barg: Es ist die Geburtsstunde der „Arbeiterpriester".

Diese Priester werden sich im Laufe der Monate und Jahre mehr und mehr bewußt, daß ihre Lebensweise auf einen dringlichen Aufruf des Evangeliums antwortet: die Ärmsten, die Verlassensten und Unterdrückten aufzusuchen und ihnen ein Zeugnis zu geben, wie sehr Christus sie liebt. Aus der Eingliederung in die Welt der Arbeiter ergibt sich wie von selbst die Verpflichtung zur Solidarität. Die Erfahrung der Ungerechtigkeiten, denen ihre Kameraden ausgesetzt sind, und die geschwisterliche Liebe zu ihnen drängen sie, auch an ihren Kämpfen teilzunehmen. Der Klassenkampf äußert sich im Kämpfen, und sie sind zwangsläufig darin verwickelt.

Dieser Kampf erscheint vielen von ihnen als offenkundiges gesellschaftliches Faktum, das sie bisher übersehen oder in seiner

Bedeutung verkannt hatten. Arbeiterpriester beteiligen sich mit Begeisterung am gewerkschaftlichen Leben und werden nicht selten von ihren Kameraden als Delegierte gewählt. Manche gehen noch weiter und bekennen sich zu der marxistischen Lehre, die den Klassenkampf zu einer Forderung, einem Prinzip des Handelns, zur Grundlage des sozialen Fortschritts erhebt.

Anfang 1947 gründen andere Katholiken unter Berufung auf die kommunistische Ideologie eine *Vereinigung fortschrittlicher Christen.* Diese Vereinigung greift systematisch auf die Thesen der Kommunistischen Partei zurück, deren „Heilsmystik" besonders anziehend ist. Kardinal Suhard warnt in diesem Zusammenhang die Christen vor der „kommunistischen Versuchung". Aber den Arbeiterpriestern erscheint es in Anbetracht der Verhältnisse, in denen sie nunmehr leben, nur konsequent, sich in den Fabriken immer mehr an der Seite der Kämpfenden zu engagieren. Oft sind sie Mitglieder der Kommunistischen Partei, deren Tätigkeit und Schlagkraft sie bewundern.

Madeleine, die entschlossen an den von der Partei ihrer Stadt angeregten Aktionen teilnimmt, handelt nichtsdestoweniger im Geist der Weisungen des Kardinals. In Fragen, die für sie persönlich oder für ihre kleine Gruppe, für die sie verantwortlich ist, von Belang sind, bittet sie, ihn besuchen zu dürfen. Gestärkt durch seine Weisungen, geht sie voran. Sie ist glücklich über die Unterstützung, die er ihr zukommen läßt.

Im Januar 1949 schreibt Kardinal Suhard an Madeleine: „Ich war tief gerührt über den Brief, den Sie mir geschrieben haben. Ich zähle sehr auf Ihre Berufung. Ich weiß um deren Bedeutung und deren ganzen Wert, und es ist mir eine Freude, es Ihnen zu sagen, Ihnen und Ihren Gefährtinnen. Seien Sie versichert, daß ich meinerseits für Sie bete, daß ich Ihre Arbeiten verfolge und Ihre Mühen segne."

Diese Anerkennung für Madeleine ist, in Anbetracht ihrer persönlichen Haltung und der Aktivitäten ihrer Gruppe, um so beachtlicher, als Kardinal Suhard ein paar Tage später, am 5. Februar, folgende Erklärung veröffentlicht:

Wenn der Katholik seine Tätigkeit gewohnheitsmäßig mit jener der Kommunistischen Partei verbindet, läuft er Gefahr, sich von den Prinzipien einer Lehre, die von der Kirche verurteilt worden ist, unbewußt gewinnen zu lassen und so teilweise zum Erfolg der Partei beizutragen.

Der Tod des Kardinals einige Monate später, am 30. Mai 1949, wird von allen betrauert, die an dem missionarischen Aufbruch beteiligt waren, den er mit angestoßen und unterstützt hatte. Zu ihnen gehörte Madeleine. Sie entrüstet sich über die pompöse Trauerfeierlichkeit für den verstorbenen Kardinal, dem der übliche Prunk nur Kummer bereitete. In *Témoignage Chrétien* veröffentlicht sie einen flammenden Protest, weil man der „einfachen Bevölkerung" von Paris, die draußen im Regen stand, den Eintritt in die Kathedrale Notre-Dame verwehrte:

Das Pariser Volk kam zur Kirche, und die Kirche war zu ... Aber die Kirche war offen für Priester und Ordensleute, für die offiziellen Persönlichkeiten, für solche, die im Besitz einer Eintrittskarte waren ...

Als der Trauerzug eingezogen war, wollte das Pariser Volk ihm folgen, aber die Schranken gaben nicht nach. Durch Zufall oder Wohlwollen vermochte eine Handvoll Leute hineinzukommen; ich war dabei, die andern blieben draußen. Schon bei überfüllter Kirche wäre es peinlich gewesen, das Pariser Volk vor der Tür zu lassen. Aber die Kirche war nicht überfüllt. Notre-Dame ist dazu da, das Pariser Volk zu empfangen ... Wenn das Volk draußen blieb, war Notre-Dame eben nicht voll. Es gab noch zahlreiche Plätze. Als die Zeremonie beendet war, drängte das Pariser Volk in die Nähe seines Vaters. Aber auch da war es noch unerwünscht ...

Die Gläubigen haben ihr Herz zum Vater erhoben, der sie verstanden hatte, und ihr Herz war schwer von einem doppelten Kummer. Die Ungläubigen haben ohne Zweifel noch etwas weniger geglaubt. Sie konnten in diesem kalten, organisierten Trauerpomp der göttlichen und mütterlichen Zärtlichkeit nicht begegnen, die vielleicht auf sie wartete, hinter den Steinen.[1]

Die extremen Standpunkte mancher Theologen und die sich mehr und mehr verhärtende Haltung einiger Arbeiterpriester waren wohl ein Grund für die Heftigkeit der Angriffe, die traditionsverhaftete Christen gegen sie richteten. Kardinal Suhard, auf dessen Urteil man in Rom sehr viel gab, ist nicht mehr da, um die Anzeigen einzudämmen, die den Vatikan überschwemmen. Ein Dekret des Heiligen Offiziums vom Juli 1949, das die Zusammenarbeit mit den Kommunisten untersagt, erhöht die Spannungen in der Kirche von Frankreich.

Madeleine kennt und konstatiert die Gefahren für die Christen jener Zeit, wenn sie sich den kommunistischen Kämpfen anschließen. Sie hätte von denen, die sich womöglich ohne genügende Vorbereitung in diesen Kampf stürzten, mehr Klugheit und den Willen erwartet, den Dingen auf den Grund zu gehen. Allerdings kann sie nicht begreifen, wie Christen und Verantwortliche in der Kirche „im Namen der Liebe Gottes den Marxismus und die Marxisten mit demselben Haß hassen“ können. Die Marxisten – es ist wahr, daß sie Gott leugnen – sind für sie niemals Feinde gewesen; und wären sie es gewesen, so hätten sie nach dem Evangelium ein doppeltes Recht auf ihre Liebe gehabt. Deshalb versteht sie auch, daß das Dekret unter den christlichen „Kämpfern“ Bestürzung auslöst und daß manche sich weigern, sich von den Kommunisten zu trennen, wie man von ihnen verlangt. In solch einer Verwirrung vermag sie nicht viel zu tun, aber sie kann wenigstens beten. So erwacht in ihr der Wunsch, eine Pilgerfahrt nach Rom zu machen.

DIE MISSION VON IVRY

In Ivry herrscht zu dieser Zeit ein außerordentlich lebendiger Missionsgeist. Die Stadt, Leitstern des Kommunismus, wird zu einem der exponiertesten Posten des missionarischen Eifers. Die Liebe zu Christus, die Liebe zu den Brüdern und Schwestern drängen Männer und Frauen, die harten Lebensbedingungen der Fabrikarbeiter zu teilen. Mit Begeisterung, mit einer Art glücklicher Leidenschaft empfangen sie von ihren Kameraden Belehrung über Solidarität und Großmut. Gelegentlich – in verschiedenem Maß und nicht ohne eine gewisse Widersprüchlichkeit – nehmen sie an ihren Kämpfen teil. Auch Gruppen von Frauen, die sich bald der *Mission de France* anschließen, beteiligen sich aktiv an den Unternehmungen des Bezirks und stellen sich entschlossen den Gewerkschaften zur Verfügung. So finden sich in der *Mission de France* Priester, Ehepaare, unverheiratete Laien, die auf verschiedene Weise in der Arbeitswelt stehen. Madeleine und ihre Freundinnen nehmen an vielen ihrer Versammlungen teil; sie empfangen von ihrem jugendlichen Eifer gewissermaßen neuen Schwung.

Ein anderer Typ des Engagements: Mehrere junge Frauen haben sich Monique Maunoury in der Zone, in der sie ihre Wohnung genommen hat, angeschlossen. Sie haben sich da niedergelassen, wo vor ihnen noch niemand bleiben wollte; als echte Zonenbewohnerinnen leben sie das Evangelium unter den Randexistenzen und bringen dieser Bevölkerungsschicht die Ausstrahlungskraft der Freundschaft und eines tiefen geistlichen Lebens.

Diese verschiedenen Gemeinschaften haben sich unabhängig von den Pfarreien entfaltet, und diese haben sich mehr oder weniger auf sich selbst zurückgezogen. Die Pfarrei von Ivry-Port bildet eine Ausnahme. Sie war während der Besetzung ein Widerstandsnest gewesen, und ihre katholische Schule, die von Ordensfrauen geführt wird, ist weit geöffnet für den ganzen

Bezirk. Wenn Madeleine von dem Missionsleben jener Zeit spricht, vergißt sie sie nicht:

Diese Schwestern tragen kein Ordenskleid. Das ganze Viertel nennt jede „Mutter". Sie fallen nicht mit der Tür ins Haus, sind so spontan, so einfach, daß man sie ohne ihre etwas zu dunkle Kleidung für „gewöhnliche Christen" halten würde.

Sie verstehen sich sehr gut auf den Schulunterricht. Aber in einer großen Küche vor der Schultür putzt eine Gemüse, schürt das Feuer, wäscht und kocht und empfängt dabei das ganze Viertel, das sich drängt, seine Nöte, seine Sorgen und Freuden zu erzählen …

So wird das Leben der Kirche durch diese kleinen Zellen bereichert, die alle von dem gleichen Wunsch nach Aufgeschlossenheit und Begegnung beseelt sind. Es ist ihnen allen gemeinsam, in der Welt zu sein, „in die Welt eingesenkt", „gemeinsam mit der Welt zu leben" und „in den Finsternissen der allgemeinen Unwissenheit Gott ins Bewußtsein zu bringen". Wenn Madeleine gefragt wird, wie sie ihre eigene Erfahrung weitergibt, antwortet sie mit Überzeugung, daß es ihr Weg ist, im Vertrauen auf Gott und in der Treue zur Kirche ein Experiment zu wagen, dessen Ausgang ungewiß ist.

BRIEF AN IHREN PFARRER

Madeleine hat die Gutheißung ihres Bischofs sehr nötig, denn der Pfarrer der Gemeinde von Ivry ist zu jener Zeit den missionarischen Initiativen nicht sonderlich gewogen. Alles, was nicht in den herkömmlichen Rahmen paßt, ängstigt ihn. Die alte Ghettomentalität ergreift ihn mehr und mehr, und wie manche andere Pfarrangehörige reagiert er mit Bestürzung auf die Positionen der Kämpfenden und der Arbeiterpriester.

Madeleine, die um die Einheit der Christen zutiefst besorgt ist, versucht, mit den einen wie mit den anderen in Verbindung zu bleiben. Wenn es auch nicht in ihrer Macht steht, ein Klima von Verständnis und gegenseitigem Ertragen unter ihnen herzustellen, so tut sie wenigstens, was ihr möglich ist. Sie pflegt freundschaftliche Bande mit der traditionsverbundenen christlichen Bevölkerung wie auch mit den unterschiedlichsten Leuten, die sich alle auf die *Mission* berufen. Hier zeigt sich ein Aspekt ihrer Berufung, „Ort der Begegnung" zu sein, wie sie es nennt. Dies ist nicht leicht, wenn derart gegensätzliche Meinungen und tiefe Vorurteile aufeinanderprallen. Wenn man versucht, den Gegnern aufzuzeigen, wo die jeweils andere Seite berechtigte Anliegen vertritt, läuft man Gefahr, sich den Vorwurf beider Parteien zuzuziehen.

Auch Madeleine muß gelegentlich diese Erfahrung machen. So zum Beispiel, als einige Christen, gute Bekannte der Rue Raspail, sich regelmäßig versammeln, um einen Evangelientext zu meditieren. Es war eine spontane Privatinitiative ohne besondere Ansprüche. Im übrigen wurde der Pfarrer gewissenhaft auf dem laufenden gehalten. Als die Versammlungen der Gruppe dennoch kränkende Bemerkungen einbringen, fühlt sich Madeleine verpflichtet, ihrem Pfarrer einen langen Brief zu schreiben. In diesem Brief vom 19. Februar 1949 legt sie ihre Haltung als Christin dar, die zwar ihrer Pfarrei zugehört, aber für eine Welt aufgeschlossen ist, die von der Pfarrei nicht erreicht wird.

Ich lebe seit sechzehn Jahren in Ivry. Bis 1939 habe ich vorwiegend unter Christen gelebt. Dann, während des Krieges, unter Christen und Nichtgläubigen. Seit vier Jahren lebe ich fast ausschließlich unter Nichtgläubigen. Ich sage „ich", denn die Etappen, die meine Freundinnen und ich durchlaufen haben, waren nicht immer die gleichen.

Wir haben indessen alle erfahren, daß die Pfarrei von Ivry-Centre als Gemeinde fast völlig von jeglichem nichtgläubigen

Milieu abgeschnitten ist. Was noch schwerwiegender ist: Auch die meisten Pfarrangehörigen sind geistig von der nichtgläubigen Umgebung getrennt, in der sie leben: Wohnbezirk, Arbeit. Und was noch schlimmer ist: Viele nehmen diesen nichtgläubigen Kreisen gegenüber eine oft gleichgültige, bisweilen auch feindselige Haltung ein. Es ist auch zu bemerken, daß viele Christen, die nur unter sich leben, gar nicht ahnen, welchen Eindruck das Christentum auf die Nichtglaubenden macht: So entfremden sich die einen von den anderen.

Die besonderen Unternehmungen, die ich in Ivry-Centre beobachten konnte, waren nur schwache Versuche, die von den eigentlichen Zielen der Katholischen Aktion weit entfernt blieben. Das kommt wahrscheinlich daher, daß der Ausgangspunkt stets dieser Pfarrbezirk ist, der keine Liebe zu dem hat, was „draußen" liegt.

Einige Leute, die von dem Ruf der ungläubigen Massen bis ins Herz getroffen worden sind, wurden früher oder später von der Pfarrgemeinde abgewiesen, in der sie einen „Fremdkörper" bildeten. Ihr Auszug hat die Pfarrei um eine geistig so wertvolle Präsenz gebracht. Er hat sie manchmal auch selber verarmt, weil sie fortan isoliert waren. Wenn Mitglieder der Pfarrgemeinde ihren Glauben verloren haben, dann haben sie zugleich jede Verbindung mit den Christen verloren. Es ist ihnen keine Freundschaft gefolgt.

Dagegen haben die Konvertiten in der Pfarrei nicht immer eine Gemeinschaft gefunden, die voll und ganz auf ihre persönlichen Bedürfnisse und auf die Bedürfnisse ihrer ungläubigen Umgebung, in der sie durch ihre Familie und ihre Arbeit verblieben, eingegangen wäre.

Nichtglaubende, die gern mit Christen „gesprochen" hätten, konnten in der Pfarrei nicht immer Menschen finden, die „ihre Sprache" sprechen, und haben sich mit leerem Herzen zurückgezogen. Solche Vorkommnisse, die überall sehr schwer wiegen, sind in einer Bevölkerung, in der nur eine verschwindend kleine Minderheit christlich ist, besonders dramatisch ...

Deshalb scheint es von vorrangiger Bedeutung, die Christen – oder wenigstens einen großen Teil von ihnen – dazu zu bringen, als Brüder mit den Nichtgläubigen zu leben. Deshalb hielten wir es für nützlich, daß neben den bekannten, wichtigen Wegen der Verkündigung kleine Zellen des Lebens entstünden: Sie sollten von einfacher, mitreißender und brüderlicher Liebe geprägt sein, vom gemeinsamen Bemühen, jene zu verstehen, die nicht das Licht des Glaubens haben.

Zu verstehen suchen, warum sie nicht verstehen; uns gegenseitig helfen, ihnen zu helfen; sie aufnehmen, ihnen geben, was Gott ihnen durch uns geben will.

Versuchen, die Gnade der Christen, denen wir begegnen, besser zu verstehen, um mit ihnen zu einer lebendigeren Einheit zu gelangen. Diese kleinen Gruppen eher vermehren als vergrößern, damit sie echte warmherzige Familien ohne Formalismus bleiben.

Es geht also nicht darum, einen Staat im Staate zu schaffen, noch eine Pfarrei innerhalb der Pfarrei ..., wohl aber darum, in der Pfarrei eine Art Liebesstrom fließen zu lassen, der ihren eigenen Früchten zugute kommt. Was diese Früchte betrifft: Bei einer Verlebendigung der Liturgie, bei Unternehmungen, Organisationen usw. können meine Freundinnen und ich Ihnen kaum helfen; das ist nicht unsere Aufgabe. Aber für die erste Phase, von der ich Ihnen soeben gesprochen habe, bieten wir Ihnen, was wir können. Wenn Sie der Ansicht sind, daß unsere Situation als „Freischärler" in der Pfarrei kein geeigneter Ausgangspunkt für einen solchen Lebensstrom ist, so verstehen wir das sehr gut ...

Doch wäre es für uns schmerzlich zu denken, Sie könnten glauben, daß wir uns als kleine elitäre Gruppe absondern wollten. Wir haben dafür weder Neigung noch Charisma.

Ich erlaube mir, den Wunsch zu äußern, daß Sie auf diesen Brief, den ich klar und freimütig schreiben wollte, ganz einfach und offen antworten. Was Sie entscheiden werden, ist gut, denn Sie sind unser Pfarrer, aber auch der Pfarrer „aller anderen", und Sie haben die Standesgnade für sie wie für uns.

MADELEINE UND DIE KIRCHE

Madeleine übersieht gewiß nicht die Schwerfälligkeit und Langsamkeit der kirchlichen Hierarchie, aber sie weiß auch, daß sie selbst, als sie Gott fand, die Kirche gefunden hatte. Der Weg, auf den sie sich in der Nachfolge Christi begeben hat, führt über die von ihm gegründete Kirche. „Das Wachstum der Kirche ist an das Wort Gottes gebunden, nur diese Kirche ist im strengen Sinn des Wortes imstande, das Evangelium zu leben."

In ihren Augen führt jede Uneinigkeit in eine Sackgasse: „Die Liebe zur Kirche ist Liebe zu Gott und zu Christus. Ihr gehorchen, das ist wie der Gehorsam gegen Gott, das ist Liebe. Aber die Liebe ist keine Leichtigkeit." Sie verspürt schmerzlich die Spannungen, die aus dem gegenseitigen Unverständnis erwachsen; die einen sind geneigt, sich über die Warnungen der Bischöfe und Roms einfach hinwegzusetzen, die anderen denunzieren die missionarischen Bemühungen als gefährliche Beeinträchtigung der Reinheit des Priestertums.

Obwohl Madeleine nur mehr selten nach Lisieux fährt, bleibt sie doch in Gedanken den Priestern der *Mission de France* verbunden. Abbé Lorenzo, Pfarrer der Gemeinde von Saint-Hippolythe in Paris, ist immer noch der geistliche Begleiter der Gruppe von Madeleine. Zwei Gruppen arbeiten in der Provinz auf Gebieten, die der *Mission* anvertraut sind. Die jungen Seminaristen, die Madeleine in den Anfängen in Lisieux getroffen hat, sind inzwischen in der Seelsorge tätig, andere sind Arbeiterpriester. Manche von ihnen besuchen Madeleine, sprechen mit ihr über harte und freudige Erfahrungen, von ihren Schwierigkeiten mit anderen Priestern oder mit ihrem Bischof, von ihrer Bedrängnis, ja, Bestürzung.

Zweifellos hilft sie ihnen durchzuhalten. Viele kommen immer wieder, weil sie von Madeleines Erfahrung mit der Arbeiterwelt, mit dem Kommunismus, mit „der Welt" lernen möchten. Sie kommen wegen ihres tiefen Glaubens, wegen ihrer hohen Auffassung vom Priestertum. An einen dieser jungen Priester schreibt sie:

Ich bin weder Seelenführer – schon gar nicht Seelenführer von Priestern! – noch Prophet, und ich kann mich sehr wohl irren. Aber es scheint mir nicht gut, Ihnen zu verschweigen, was ich denke. Es ist so notwendig, daß so viele Priester wie möglich zu „Begegnungsstätten zwischen der Welt und Gott" werden.

Wenn ich erraten habe, was in Ihnen vorgeht, so nicht, weil ich eine Wahrsagerin wäre, sondern weil ich schon öfter mit guten Bekannten zu tun hatte, die zum Spielball derselben „Geschichten" geworden sind. Ich habe aus nächster Nähe miterlebt, welchen Kampf sie bestehen mußten, um da herauszukommen.

Ich denke, das ist nur möglich, wenn man sich liebevoll in den Menschen Christus hineinflüchtet und sich alle Augenblicke in die Abgründe seiner Menschheit verkriecht, die durch und durch, mehr als wir ahnen können, gelitten haben muß ...

Ich glaube, daß eine Trennung von Lisieux, unter welchem Vorwand auch immer, für Sie die Fortsetzung einer Niederlage wäre. Neu anzuknüpfen und unter neuen Bedingungen wieder Ihren Platz einzunehmen, das scheint der unentbehrliche Schritt zu sein, damit Sie die wahre Fülle wiederfinden können.

Dieser Brief ist bezeichnend für die Schwierigkeiten, mit denen jene zu kämpfen hatten, die sich in eine für sie ganz neue Welt begaben, die sie unter vielen Gesichtspunkten faszinierte. Sie konnten versucht sein, die Anker zu lichten und die Brücken zu anderen in der Kirche abzubrechen, auch zu denen, bei denen sie mehr Verständnis erwarten konnten. Zwischen ihnen und der Institution Kirche tut sich ein Graben auf. Die Versuchung ist groß, aus politischen Gründen den Stab über sie brechen und sie mit der Welt der Wucherer, der Besitzenden und Ausbeuter gleichzusetzen. Gute Gründe sprachen für eine solche Sicht. Die Klassengegensätze waren unverkennbar: auf der einen Seite auf Privilegien bedachte Institution, die mit der Finanzwelt solidarisch ist und die sich den revolutionären Wandlungen entgegenstellt; auf der anderen Seite die Hoffnung der Armen und Unterdrückten. War es nicht ein Gebot der Solidarität, sich mit der richtigen Seite zu verbünden und eine Institution an den Pranger zu stellen, die ihre ursprüngliche Zielsetzung verraten hat? Was können da die Rügen von Papst und Bischöfen ausrichten, wenn die Wirklichkeit so anders aussieht, wenn es darum geht, die Solidarität nicht zu verraten – am Arbeitsplatz, in der Gewerkschaft, mit all denen, die in den Organisationen, welche die Arbeiterklasse sich selber gegeben hat, gegen die Unterdrückung kämpfen?

Madeleine weiß aus eigener Erfahrung, wie stark gewisse Verpflichtungen sein können. Aber mehr als viele andere erkennt sie die unvermeidlichen Gefahren. Deshalb antwortet sie auch nicht mit einer Rede oder einer Auseinandersetzung, sondern mit einer Rückkehr zum Quellgrund der Liebe, jener Liebe, die am Anfang der Aussendung in die Mission stand. Als sie selber der marxistischen „Verführung" ausgeliefert war, da war es die blitzartige Erkenntnis, daß sie Gefahr lief, ihre erste Liebe, Christus in ihr, zu verlieren. Den anderen hat sie keinen anderen Weg vorzuschlagen als diese liebende Rückkehr zur Quelle des mystischen Lebens, das nicht das Privileg einiger Auserwählter, sondern eine Gabe an alle Getauften ist.

Die Liebe Christi ist unteilbar. Christus zu lieben heißt auch, die Menschen zu lieben. Sich von der Kirche zu trennen hieße für Madeleine, einen unheilvollen Abgrund zu wählen. Es ist kein Apostolat denkbar oder möglich außerhalb einer „echten Verbundenheit mit der Sorge der Kirche, eines aufmerksamen Respekts vor ihren Weisungen, besonders jener, in denen die Beziehungen zwischen Christen und Marxisten beleuchtet und geregelt werden". Und sie fügt hinzu: „Die Frage ist für uns keine ‚offene' Frage, sie hat ihre Antworten, die wir in die Tat umsetzen müssen, indem wir uns bemühen, aufrichtig und liebend zu sein."

Mehrere Male begibt sich Madeleine nach Marseille. Nach den ersten Beziehungen, die im Winter 1944 geknüpft worden waren, hatte sich ein regelmäßiger Austausch über die möglichen Konsequenzen ihres Lebens unter den Arbeitern ergeben. Dieses Leben kennzeichnete die *Mission* von Marseille als „Schicksalsgemeinschaft": Teilen von Brot, Arbeit, täglichen Ängsten, auch das Teilen der Hoffnung der Arbeiter „auf Brot, Frieden und Freiheit".

Mehrere von Jacques Loew damals verfaßte Texte, die später veröffentlicht wurden, tragen unverkennbar die Züge von Madeleine. Ihrerseits erweitert sie ihren Horizont über die Grenzen des Pariser Beckens und vielleicht auch über den Kommunismus hinaus, wie sie ihn von Ivry her kennt.

Mit den neu entstehenden Gemeinschaften überdenkt sie die Bedeutung der Equipe, um den missionarischen Eifer zu erhalten. In ihren Augen ist ihre Equipe mehr als ein bloßes Hilfsinstrument für das missionarische Leben, vielmehr trägt sie in sich selbst einen ausgesprochen auf dem Evangelium gründenden Geist.

Das Christentum ist immer als Familie, als Gruppe, als geschwisterliche Gemeinschaft auf die anderen zugegangen; es geht darum, mit Christus vereint zu sein, der die Welt verändern kann. Es wäre gefährlich für die Gemeinschaft, wenn sie sich mit

Freundschaft, Kameradschaft und äußerer Zuneigung zufriedengeben würde; es muß die Liebe Christi sein, die uns miteinander verbindet. Der Vorteil der Gemeinschaft liegt darin, daß man Leuten begegnet, die entschieden sind, einander bis zum Äußersten zu lieben, ohne daß die einen gegenüber den anderen ein falsches Schuldgefühl haben.

Damit das Reich Gottes Wirklichkeit werden kann, muß man vereint sein: Eine lebendige Gemeinschaft ist ein Stück Reich Gottes; zwischen Sendung und Gemeinschaft darf es also keinen wirklichen Gegensatz geben.

Ein langer Brief an Jacques Loew ist nichts anderes als eine Besinnung auf die Beziehung Kirche – Welt, welche die Tätigkeit der Missionare in der Arbeiterwelt dem christlichen Gewissen von neuem vor Augen stellt. Madeleine weist darauf hin, daß manche Kämpfer in einer marxistischen Umgebung dazu neigen, die Ankunft des Gottesreiches mit einer Gesellschaft gleichzusetzen, in der endlich soziale Gerechtigkeit herrscht. Es scheint ihnen die dringendste Aufgabe zu sein, an der Verwirklichung einer solchen Gerechtigkeit mitzuarbeiten, für die sie im Marxismus ein Modell finden. Madeleine weiß, wie wichtig der Einsatz für die Gerechtigkeit ist, aber sie lehnt es ab, die Verkündigung des Evangeliums allein in diesem Kampf aufgehen zu lassen.

Nicht wir haben die Bilanz der Welt mit der Bilanz des Reiches Gottes in Übereinstimmung zu bringen. Nicht die Summe der gerechten Staaten wird das Himmlische Jerusalem ergeben, sondern die Summe aller Liebe, die in einer kleinen oder großen Kirche, welche aus zahlreichen oder wenigen Heiligen besteht, sich auf bekannte oder unbekannte Menschen ausdehnt, die Erlösung der Vielen erwirken wird.

Reich Gottes und Welt fallen nicht notwendig zusammen. Chaotische, grausame Perioden können Leidenschaften und einen intensiven Glauben erwecken, die das Heil fördern. Die

Wanderung des Reiches Gottes durch die Weltgeschichte hat ihren Zielpunkt in der Ewigkeit; das Mittel muß uns in dem Maß interessieren, als uns das Ziel betrifft, dabei hat man sich nach der Perspektive zu richten.[2]

Weiter schreibt sie:

Jesus hat seine Liebe keinem Menschen verweigert unter dem Vorwand, seine gesellschaftliche Stellung sei schlecht. Er hat die Zöllner geliebt und sich nicht gegen ihr Steuersystem aufgelehnt. Er hat den Hauptmann geliebt und kein Heer gegen die Besatzer ausgehoben. Wenn man ihn fragt: „Wer ist mein Nächster?" antwortet er nicht: die Armen, die Kranken, die Juden ... Er antwortet: „Ein Mann ging von Jerusalem nach Jericho hinab ..." Ausgerechnet ein Samariter wurde ihm zum Nächsten. Jesus selbst hat mit den trügerischen Absolutheitsansprüchen der Welt gebrochen – mit dem Geld, mit Ehre und Macht –, indem er sie freiwillig zurückwies; aber er hat sie nicht wiederhergestellt durch die Errichtung neuer Hierarchien von Ehre, Macht und Reichtum. Er hat die Welt überwunden, indem er sie relativierte; denn der Sieg der Welt über den Menschen besteht darin, daß sie sich ihm als etwas Absolutes zeigt. Später hat Paulus nicht gepredigt, daß die Sklaven sich auflehnen sollten; aber das Herz der Christen lehnt sich dagegen auf, Sklaven zu besitzen.

Was besonders auffällt, sind Madeleines innere Klarheit und Einsicht in einer Welt voller Zerrissenheit, ihre absolute Loyalität gegenüber Gott, den Menschen und der Kirche. Diese Loyalität gründet in der Liebe, einer Liebe, die zutiefst erkennt, was auf dem Spiel steht. „Der Weg des Gottesreiches verläuft an den Grenzen der Ewigkeit." Ein Satz von erstaunlicher Dichte, der allem gerecht wird, dem ewigen Heil wie der Gerechtigkeit auf Erden. Es gibt einen berechtigten Kampf auf Erden, doch der

Herr des Gottesreiches und seine Gerechtigkeit bleiben immer größer.

BLITZREISE NACH ROM

Das Jahr 1952 beginnt für Madeleine mit einer Reihe von Krankheiten, die ihre Erschöpfung weiter verschlimmern. Zuerst holt sie sich beim Besuch einer erkrankten Freundin den Mumps. Die Gruppe hatte sie nur gehen lassen, nachdem sie versprochen hatte, wenigstens die Umarmungen zu vermeiden. Nach ihrer Rückkehr bekannte sie: „Es war unmöglich, sie war so allein und streckte mir die Arme mit solcher Freude entgegen …"

Der Aufenthalt in Chaupre bei ihrem Vater ist jedes Mal aufreibend. Einmal schlug sie heftig mit dem Kopf gegen eine Türeinfassung, worunter sie lange zu leiden hatte. Überhaupt machten ihr jahrelang Migränen, Vereiterungen der Stirnhöhle, Hals- und Nasenentzündungen zu schaffen.

Ungeachtet ihrer angeschlagenen Gesundheit widmet sie sich mit großem Einsatz der Ibéry-Genossenschaft. Vielerlei Schritte sind notwendig, damit sie sich gut entwickeln kann. Von der Produktion über den Verkauf bis zur Auslieferung vollzieht sich alles unter schwierigen Bedingungen. Madeleines Anwesenheit ist sehr hilfreich, um die Eintracht und die gute Moral unter den Mitarbeitern zu erhalten.

Doch Madeleines größte Sorge ist die *Mission*. Die Stimmen mehren sich, daß es in der kirchlichen Hierarchie eine zunehmende Verhärtung gebe. Das Seminar von Lisieux ist in seiner Existenz gefährdet. Pater Augros wird im April 1952 die Leitung entzogen; dahinter scheint eine grundlegende Mißbilligung zu stehen. Madeleines Freundschaft ist auf den Plan gerufen. Die Verbindung mit ihm ist etwas lockerer geworden, ein Grund mehr, ihm sofort zu schreiben. Madeleine bewahrt seine Antwort sorgfältig auf, das Zeugnis des Paters ist ihr ein großer Trost. Augros schreibt:

Ihr Brief hat mich Ihre so offene, so menschliche und übernatürliche Zuneigung erfahren lassen, daß er mir eine ganz große Freude gemacht hat. Ich weiß, was die Mission Ihnen alles verdankt. Seien Sie versichert, wenn die Brücken zwischen Ihnen und uns auch ein wenig abgebrochen sind, so ist das nicht absichtlich geschehen, nicht einmal, weil einige kleine Unterschiede uns trennen. Ich halte nichts von Gleichförmigkeit, und ich weiß, welch wichtigen Platz Sie in der missionarischen Bewegung haben. Mehr noch, ich fühle mich Ihnen näher (zum Beispiel in Ihrer Auffassung vom Priestertum) als vielen Arbeiterpriestern. Aber die Tage haben nur 24 Stunden, und man kann nicht an zwei Stellen zugleich sein. Das ist der einzige Grund, der mich von häufigeren Kontakten zu Ihnen abhielt, manchmal auch die Furcht, aufdringlich zu sein.

Deshalb, Madeleine, Dank Ihnen und allen, in deren Namen Ihr Brief sicherlich geschrieben worden ist ...
(datiert vom 27. April 1952)

Madeleine hat den Plan nicht aufgegeben, Rom zu besuchen, um dort zu beten. Sie glaubt an die Kirche; im Herzen dieser Kirche will sie flehen, daß in den Christen die Kraft der Liebe lebendig bleibt, die allein die Gegensätze überwinden kann.

Alle Einwände gegen eine solche Reise werden zerstreut: Braucht das Haus ihre Anwesenheit? Sie wird nicht länger als zwölf Stunden in Rom bleiben ... Ist das nicht eine sehr anstrengende Reise für jemand, der gerade eine Krankheit hinter sich hat? „Pilgerfahrten wollen keine Erholungskur sein ..." Ist die Reise teuer? Ganz unerwartet trifft die nötige Summe für die Fahrkarte ein ... Wenn das kein deutlicher Hinweis war, daß sie sich für die Reise entschließen sollte! Eine nichtgläubige Freundin von Madeleine hatte ihr eine katholische Verwandte aus Südamerika vorgestellt, die sich über den Katholizismus in Frankreich informieren wollte. Am Ende des Besuches übergibt „Tante Rosa" der Gruppe ein Los der Nationallotterie, auf das keiner achtet, bis man merkt, daß dieses schon ein Gewinnlos ist und die Reisekosten deckt. Also ist es beschlossene Sache: Madeleine wird nach St. Peter gehen,

– um zu erbitten, daß die Gnade des Apostolats, die Frankreich gegeben worden ist, nicht durch uns verlorengehe, sondern daß wir sie in der Einheit bewahren;

– um zu erbitten, daß diese Gnade von der Kirche anerkannt und gestärkt werde.[3]

Weil Madeleine sich um der Einheit der Kirche willen auf den Weg macht, ist ihre erste Etappe – und nicht die unwichtigste – Ivry selbst: Sie möchte vor allem jene besuchen, mit denen sie nicht im Einklang steht. Sie begibt sich u. a. zu ihrem Pfarrer, den sie um seinen Segen bittet ... So beginnt ihre Blitzreise mit einer Art Friedensoffensive.

Am Morgen des 6. Mai sitzt Madeleine im Zug. Sie kommt erst am nächsten Tag an, denn damals dauerte die Reise von Paris nach Rom 24 Stunden. Vom Bahnhof Termini fährt sie nach Sankt Peter, um dort die zwölf Stunden bis zur Abfahrt zu verbringen. Sicher gab es dort weniger Touristen als heute, aber im Schiff der Basilika fanden sich schon Scharen von lärmenden Besuchern.

Zu Füßen eines der monumentalen Pfeiler, nah beim Grab des Apostels, meditiert sie einen Abschnitt des Johannesevangeliums. „Maria Magdalena, meine Patronin, und zwischen den Steinen eines Friedhofs der Gärtner, der Jesus war ... Sie haben meinen Herrn weggenommen, und ich weiß nicht, wohin sie ihn gelegt haben." Sie betet „aus ganzem Herzen", wie sie sagt, aber vor allem, um das Herz zu schenken:

Ich dachte nicht nach und bat nicht um „Erleuchtungen". Nicht dafür war ich hergekommen. Dennoch haben sich mir mehrere Dinge aufgedrängt, die immer noch in meinem Herzen lebendig sind ...

Ich begriff, wie sehr die Kirche von den Menschen, von allen Menschen, als eine Kirche erkannt werden müßte, die sie liebt. Petrus: ein Stein, von dem man fordert, daß er liebe. Ich begriff, wieviel Liebe man einströmen lassen müßte in alle Äußerungen der Kirche.[4]

Der Tag war anstrengend. Auf der Rückreise hat Madeleine keine Kraft mehr, sieht nicht einmal mehr den Sinn der Fahrt. Ein Reisegefährte, ein deutscher Priester, knüpft eine Unterhaltung an. Als er von der Seltsamkeit dieser Reise erfährt und ihre Entmutigung sieht, beginnt er zu lachen, wühlt in seiner Tasche und überreicht kommentarlos eine Postkarte. Darauf sieht man eine lange, düstere Allee in den Vatikanischen Gärten, an deren Ende, in der Ferne, der lichtumstrahlte Petersdom erscheint. Diese Karte bewahrt sie immer auf; sie gehört – zusammen mit einem Rosenkranz, einem Bild der Pietà von Michelangelo, einer Fotografie des Hauptaltars über dem Petrusgrab – zu den „Schätzen", die sie von Rom mitbringt und von denen sie sich nie trennen wird. Diese bescheidenen Zeichen erinnern sie fortwährend an den gepeinigten Christus, der an seinem Leibe und in der Kirche leidet, an die Muttergottes, an den dunklen Weg, den der Christ im Glauben und in der Hoffnung auf die Auferstehung zu beschreiten hat.

Madeleine hat übrigens immer gern kleine Gegenstände aufbewahrt, die für sie das Symbol eines bestimmten Ereignisses oder eines geliebten Menschen waren: ein Bild, ein winziges Spielzeug, einen Zettel mit einer Unterschrift. Ihr Gebetbuch, das sie ihr „Herbarium" nennt, ist voll von Fotos, von Zeitungsausschnitten, weit mehr als von frommen Bildern ... Die Andenken an ihre Romreise sind ihr besonders wichtig, denn sie stellen ihr den unaufhörlichen Anruf vor Augen, alles, was das Evangelium sagt, im Herzen der Kirche zu leben.

Madeleine wußte bei ihrer Rückkehr aus der Ewigen Stadt nicht, daß ein französischer Ordensmann, P. Jean Guéguen, sie am Morgen des 7. Mai am Bahnhof in Rom erwartet hatte. Er hatte von einer Bekannten erfahren, daß sie kommen würde, wußte aber nicht, daß ihr Aufenthalt so kurz sein würde. So hatte er ihr Unterkunft besorgt und auch eine Audienz beim Papst vorgesehen. Damals gab es sogenannte „halböffentliche Audienzen", bei denen eine kleine Gruppe dem Heiligen Vater ein paar Worte sagen konnte, ohne in der Menge zu ertrinken.

P. Guéguen war es nicht gelungen, die Reisende ausfindig zu machen; den ganzen Vormittag hatte er vergeblich auf einen Telefonanruf gewartet. Es blieb ihm nichts anderes übrig, als das Billet für die Audienz mit der Post nach Ivry zu senden. Durch dieses unerwartete „Nachspiel" wurde eine Reise, die so kurz und verschwiegen sein sollte, zu einem Wendepunkt, zum Beginn neuer Beziehungen, die ihr Leben nachhaltig prägen sollten. Im Augenblick aber denkt sie nur daran, sich bei P. Guéguen zu entschuldigen. Sie schreibt ihm, bittet um Entschuldigung und erklärt ihm die Hintergründe ihrer Pilgerfahrt nach Rom. Sie fügt einen Brief an den Papst bei, mit der Bitte an P. Guéguen, er möge ihn weiterleiten, wenn er es für richtig halte. Der Pater kann den Brief tatsächlich Pius XII. übergeben. Madeleine schreibt:

Heiliger Vater, seit 18 Jahren lebe ich unter Menschen ohne Glauben, ja ohne jede Erinnerung an das Christliche. Weil ich mich zutiefst verbunden fühle mit dem, was die Kirche in Frankreich an „nova" und „vetera" in sich trägt, und überzeugt bin, daß unsere Treue einen beständigen und brennenden missionarischen Eifer verlangt und gleichzeitig eine immer tiefere Verwurzelung im Gehorsam, hatte ich den Wunsch, nach Rom zu kommen, um in unser aller Namen von „Christus-Kirche" diese zweifache Gnade zu erbitten. Es sollte ausschließlich ein Akt des

Glaubens sein. Deshalb bin ich nach meiner Ankunft in Rom direkt zum Grab des heiligen Petrus gegangen, vor dem Sie die Messe zelebriert haben. Dort bin ich den ganzen Tag geblieben, um mich am Abend wieder auf den Rückweg nach Paris zu machen.

Ich meinte, keinen Anspruch zu haben, Eure Heiligkeit um eine Audienz zu bitten. Freunde, die von meiner Reise wußten, hatten die Güte, sie für mich zu erbitten. Durch eine Reihe unglücklicher Umstände habe ich erst gestern abend durch einen Brief, dem das Billet für die Audienz beigefügt war, erfahren, daß Sie diese Audienz gewährt haben ..., und ich war nicht da.

Ich weiß nicht, was stärker ist in mir: die Dankbarkeit oder der Schmerz. Es schien mir unmöglich, Sie nicht beides wissen zu lassen. Vielleicht ist es ungewöhnlich, daß ich auf diese Weise dem Oberhirten der Kirche schreibe; aber wenn ein Vater sein Kind erwartet hat und das Kind nicht gekommen ist, wäre es nicht sein Kind, wenn es nicht seinem Vater schreiben würde, um seine Dankbarkeit und seine Bitte um Entschuldigung vorzubringen. Indem ich dies zum Ausdruck bringe, Heiliger Vater, möchte ich Eure Heiligkeit bitten, mich und alle, mit denen ich im Herzen verbunden bin, zu segnen.

P. Guéguen, sehr beeindruckt von Madeleines Briefen, nimmt einen Briefwechsel mit ihr auf. Es ist der Anfang einer tiefen und beständigen Freundschaft. Er ist einer von denen, die sie von nun an immer wieder zum Schreiben ermuntern.

Inmitten von Prüfungen

1952 – 1957

Wieder daheim in Ivry, nimmt Madeleine das Gemeinschaftsleben, das so eintönig und zugleich so voll von Unvorhergesehenem ist, die Arbeit in der Genossenschaft und die Alltagsgeschäfte wieder auf. Es warten auch neue Aufgaben auf sie: In Barcelona soll ein Eucharistischer Kongreß stattfinden. Eine Versammlung wird einberufen, auf der viele ihr Unverständnis bekunden, daß die Kirche sich so mit dem Franco-Regime einlassen könne. Die „Falange" ist in der Tat an der Organisation dieses Kongresses beteiligt, der sich volkstümlich geben will, und es fehlt nicht an Ehrenbezeugungen für den Caudillo. All das ist ein Ärgernis. Es wird beschlossen, bei den französischen Bischöfen darauf zu drängen, daß sie sich von dieser prunkvollen Veranstaltung distanzieren, die eine Beleidigung der Armen sei und vom Franco-Regime zu politischen Zwecken mißbraucht würde. Am 21. Mai bittet Madeleine mit einer kleineren Delegation, welche die missionarischen Belange von Paris vertritt, Kardinal Feltin um eine Stellungnahme. Ebenfalls im Mai 1952 erscheint in der Zeitung *Témoignage Chrétien* ein Artikel, in dem sie ihr Unbehagen an dem Kongreß öffentlich kundtut und das Stillschweigen der internationalen Öffentlichkeit zu der Lage in Spanien beklagt.

Einige Monate später, Anfang 1953, kümmert sich Madeleine um das Schicksal des Ehepaares Rosenberg. Ethel und Julius Rosenberg, zwei amerikanische Forscher, stehen unter der Anklage, Atomgeheimnisse an die UdSSR ausgeliefert zu haben. Die beiden werden zum Tod auf dem elektrischen Stuhl verurteilt. In den Vereinigten Staaten herrscht zu der Zeit ein regelrechter antikommunistischer Verfolgungswahn. Der Kalte Krieg bestimmt die Politik. Seit 1949 besitzt Stalin die Atombombe; die Angst der Amerikaner vor der „roten Gefahr" äußert sich in Form einer gigantischen Hexenjagd. Überall wittert man die „Roten", in der Verwaltung, in der Kunst, in der Wissenschaft; es gilt, sie zu entlarven und unschädlich zu machen. Die sowjetischen Bomber werden bald da sein … Sündenböcke werden gesucht, und wie manche andere trifft es die Rosenbergs.

Eine der höchsten Autoritäten auf dem Gebiet der Nuklearforschung, Professor Urcy, protestiert öffentlich in den Vereinigten Staaten und äußert Zweifel an der Schuld der Rosenbergs. Einstein stimmt seiner Erklärung zu. Die internationale öffentliche Meinung gerät in Bewegung. Zwei Juristen in Paris, die die Prozeßakten einsehen können, gewinnen den Eindruck, es handle sich um eine Flut von Anschuldigungen ohne Beweise, und alarmieren einflußreiche Persönlichkeiten. Sie wollen sich sogar an den Papst wenden, um ihn zum Einspruch zu bewegen. Einer dieser Juristen kennt Madeleine und weiß von ihrer Romreise und den Kontakten zu Pius XII. im Jahr zuvor. Er bittet sie, sich an der Abfassung eines Berichtes zu beteiligen und zählt auf sie, um Zugang zum Vatikan zu finden. Es muß schnell gehandelt werden, und Madeleine macht sich mit ihnen daran, diese Eingabe zu verfassen. Warum sollte sie sie nicht selber überbringen?

Sie will sich nicht drücken, doch sie meint, ihr Freund werde als jüdischer Jurist im Vatikan mehr Beachtung finden als sie, eine einfache Christin. So verweist sie ihn an P. Guéguen, mit dem sie weiter brieflich in Verbindung steht. Der Weg erweist sich als der richtige: Der Anwalt wird von Veuillot und dem Unterstaatssekretär Montini, dem zukünftigen Paul VI., empfangen. Sie überbringen die Nachricht, der Heilige Vater sei bewegt gewesen, daß ein jüdischer Rechtsanwalt die Reise gemacht hatte. Er werde sicher Einspruch erheben, um die Besorgnis vieler Christen zum

Ausdruck zu bringen und die Begnadigung durch den Präsidenten zu erbitten. Leider hat der Heilige Stuhl keinen Botschafter in den Vereinigten Staaten und kann sich nur durch die Vermittlung eines apostolischen Delegaten Gehör verschaffen. Der Osservatore Romano veröffentlicht die Aufrufe von Pius XII., die aber offenbar nicht zur Kenntnis von Eisenhower gelangten.

Bis zur letzten Minute gehen die Bemühungen weiter. In einer aufsehenerregenden Versammlung in Vel-d'Hiv, an der Leute der verschiedensten Anschauungen teilnehmen, ergreift Madeleine das Wort. Von der Eingebung beflügelt, hält sie sich nicht mehr an den vorbereiteten Text. Sie gründet ihre Hoffnung auf das einmütige Festhalten an der Idee der Gerechtigkeit, das sie auf dieser abendlichen Versammlung erlebt. Sie sagt sinngemäß das gleiche, was sie ein paar Tage später für die Zeitung *La Croix* schreibt (der Beitrag wurde erst nach dem unfaßlichen Ausgang des Dramas veröffentlicht):

Angesichts des Unglücks anderer ist das Schweigen in keinem Falle unparteiisch: davon nicht zu sprechen heißt, daß man es billigt ..."[1]

Madeleine will bis zuletzt die Hoffnung nicht aufgeben. Die Nacht vom 19. auf den 20. Juni, in der das Todesurteil vollstreckt werden sollte, verbringt sie im Gebet. Gegen 1.20 Uhr ertönt aus dem Radio wie ein Trauergeläute die Nachricht vom Ende der Rosenbergs.

Im Jahr 1953 nimmt die Genossenschaft einen Aufschwung. Madeleine übernimmt zeitweise die Aufgabe einer Vertreterin, und notgedrungen muß sie sich auch der Buchhaltung widmen. Eigentlich kennt sie sich damit weder aus, noch liegt ihr diese Arbeit, doch sie tröstet sich: „Wenn die Ereignisse sich von selbst ergeben, ist das unendlich beruhigend." Dann macht sie sich Gedanken über den möglichen Sinn dieser ungeliebten Tätigkeit:

Es ist zunächst einmal eine anspruchsvolle, dringliche Arbeit. – So absurd ich es gefunden hätte, das Absurde zu wählen, so sehr empfinde ich es als eine große Gnade, es zu ertragen. Tatsächlich müssen viele Menschen eine Arbeit verrichten, die sie sich nicht ausgesucht haben, für die sie absolut nicht gemacht sind und deren Sinn sie absolut nicht verstehen.

Wenn ich es unter dem Blickwinkel der Gemeinschaft mit der Arbeit all derer, die unter der Arbeit leiden, betrachte, erscheint mir das für mich selbst vielleicht bescheidener, aber aufrichtiger, als wenn ich mir freiwillig eine Arbeit in einer Fabrik oder auf einem Bauernhof ausgesucht hätte.

Vom Gesichtspunkt der erfahrbaren Gegenwart des Herrn aus ist es eine sehr kostbare Arbeit. Man ist dabei oft ganz allein, und doch ist es unmöglich – es sei denn, man wäre ein Typ wie Napoleon –, an etwas anderes zu denken als an das, was man tut; Minute für Minute zu denken, daß es der Wille Gottes ist, wovon alle guten geistlichen Schriftsteller uns sagen, daß es die kostbarste aller Gebetsgnaden ist ... Wie sollte ich mich da beklagen?

Was die Nächstenliebe betrifft, so wissen wir alle, daß das Kreuz das Beste ist, was es gibt, und da ich keine sehr bußfertige Veranlagung habe, sehe ich diese kleinen Kreuze „zu herabgesetztem Preis", eben die langweiligen Dinge, geradezu als eine Fügung Gottes an.

So bin ich letzten Endes froh, auf diese Weise teilzuhaben an der Arbeit von Menschen, die nicht an Christus glauben. Denn aufgrund der Gemeinschaft mit ihnen kann ich versuchen, meine Arbeit für all die zu verrichten, die nicht an ihn glauben, ebenso wie für mich. Ihr Leben fast beständig zu teilen, in Umständen und Schwierigkeiten, die man sich nicht ausgesucht hat, in einer Gleichheit, die dem instinktiven Streben nach höheren Positionen so zuwiderläuft, dies ist meines Erachtens eine sehr wichtige Aufgabe der Verkündigung des Evangeliums. Es ist eine größere Verantwortung, als ich mir vorstellen kann. Mir scheint, daß ich vieles übernatürlich gestalten muß, was sie natürlich leben: Wenn sie von Befreiung der Fabrik reden, denke ich an ewige Befreiung. Endlich heißt es, jeden Kunden, jeden Lieferanten als wichtige Person zu behandeln ...

APOSTOLAT

1953 ist ein schwieriges Jahr für die *Mission de France.* Das Gewitter zieht sich zusammen, die Fronten verhärten sich. Unter den Aktivisten gibt es auch gemäßigte, jene, die den Wert der Zeit kennen und das Gewicht der Klugheit. Klugheit zunächst für sich selbst, denn obwohl sie sich der Arbeiterklasse angeschlossen haben, sind sie selber nicht die Arbeiterklasse. Sie wissen, wie wenig Rom bereit ist, ihre Entwicklung zu verstehen. Aber es gibt auch andere, die nichts sehen als die Dringlichkeit der Reformen. Sie können und wollen sich nicht mit Verzögerungen, mit einem Aufschieben der Reformen oder mit halben Maßnahmen zufrieden geben. So kommt es zu gefährlichen Forderungen, bei denen die Bischöfe, die ihre Sache in Rom vertreten, alle Mühe haben, sie zu rechtfertigen.

Madeleine ist mit vielen von ihnen verbunden, ohne selber dieser oder jener Seite anzugehören. Sie weiß um den wesentlichen Beitrag der Arbeiterpriester in den Fabriken, aber in ihren Augen ist es wichtig, daß sie „Kirche“ bleiben in einer Welt, der die Kirche fremd ist. Sie ist darum besorgt, daß sie von dieser Kirche als das verstanden und anerkannt werden, was sie sind. Voller Beunruhigung sieht sie, wie sich einige immer weiter von der Kirche entfernen und sich marxistische Positionen ganz zu eigen machen. Manchmal bedauert Madeleine, nur eine „einfache Frau“ zu sein, denn sie möchte, daß ihre Stimme gehört werde.

Ehrlich gesagt, es ist nicht so leicht, sich in der Kirche gut zu benehmen, wenn man eine Frau ist ... Abgesehen von seiner Mutter, scheint der Herr uns nicht so recht getraut zu haben. In dem Leib, in dem er in der Welt fortlebt, hat er uns all die hierarchischen Ämter und das Priestertum vorenthalten. Aber wenn man sagen kann, daß er den Männern seine Sendung gibt, dann kann man auch sagen, daß die Frauen oft die „Aufträge" ausführen. Und das ist seit langem so: Die Frauen sind beauftragt worden, den Aposteln von der Auferstehung Nachricht zu bringen ... Sie scheinen ihnen übrigens wenig glaubwürdig gewesen zu sein, ausgenommen dem heiligen Petrus.

Madeleine äußert diese humorvollen Gedanken keineswegs, um in der Kirche eine andere Funktion zu beanspruchen – daran denkt sie offenbar gar nicht –, sondern weil sie alle Mittel gebrauchen will, die ihr zur Verfügung stehen. Wenn die Männer das Entscheidungsrecht haben, dann haben die Frauen andere, nicht weniger wichtige Aufgaben. Sie fährt fort:

In der Kirche, in der Männer als Verantwortliche und Eigentümer eingesetzt sind, können sie nicht, ohne heldenhaft zu sein, dem Wehen des Heiligen Geistes folgen wie eine Fahne, die im Winde flattert ... Das Schifflein Kirche hat seine Fahrt noch nicht beendet. Für die Männer sind die Schiffsbrücke, der Schiffsrumpf, die Masten ..., aber für die Segel können sie uns nicht entbehren. Abgesehen davon, daß sie immer schon Motoren haben wollten, die dem Wehen des Heiligen Geistes nie nützlich waren ...

Zu den Aufgaben der Hierarchie gehört nicht zuletzt die Kenntnis einer ständig im Wandel begriffenen Welt. An jeder geschichtlichen Wende – zugegeben, daß es in der Geschichte auch anderes als Wendepunkte gibt – muß die Kirche wissen, welch neuen Boden ihr Salz würzen soll. Diesen neuen Boden zu kennen ist eine der drückenden Sorgen, die heute viele

Christen bewegen. Wegen dieser Sorge haben sich viele, Priester wie Laien, in Milieus begeben, die ihnen unbekannt waren, während so viele andere Forschungen und Umfragen auf dem sozialen Sektor veranstalten, auf dem sie sich auskennen.

Aber täuschen wir uns nicht: Die Männer allein, selbst wenn sie mitten in der Welt in intensivstem Einsatz stehen, selbst wenn sie sich aufs engste mit ihren Brüdern und Schwestern identifizieren, sind meistens nicht in der Lage, über das Leben andere Auskünfte zu geben als solche, die sehr an Planskizzen oder geometrische Grundrisse erinnern.

Wenn wir, eingeschlossen in ein kleines Stück dieser Welt, den Wunsch haben, daß es richtig erkannt wird, damit ihm das Evangelium verkündet werde, dann werden wir ohne Theorie und ohne Taktik die Blicke der Kirche darauf lenken können. Die Skizzen, welche die Männer geliefert haben und ohne die wir selber nur unleserliche Entwürfe liefern könnten, werden so durch Natur und Gnade belebt.

Die „Aufträge", die Sache der Frau sind, übernimmt sie gern. Sie geht von einem zum anderen: zu den Christen, denen es nicht gelingt, miteinander zu reden, zu Gläubigen und Ungläubigen, zu jenem Unternehmer, der gekränkt ist, weil er die Vorwürfe nicht versteht, denen er ausgesetzt ist, zu einem ratlosen oder verletzten Priester, um ihm zu helfen, einen Brief an seinen Bischof zu schreiben. Sie möchte das, was sie vom Geheimnis der Kirche weiß und lebt, verständlich machen und als kostbares Gut verteidigen. Wenn sich Wege scheiden, arbeitet Madeleine allen Widrigkeiten zum Trotz an der Einheit. Das bringt ihr viel Kritik und unterschiedlichste Verleumdungen ein.

Einige verdächtigen sie, an der Gründung eines Seminars in Saint-Maximin mitzuwirken, das der *Mission de France* Konkurrenz machen sollte. Zur selben Zeit verweigert ein Vikar aus ihrer Gemeinde ihr vor aller Augen die Kommunion, weil sie für die Arbeiterpriester eintritt, die für ihn eine „Häresie" sind. Diese gelegentlichen Zwischenfälle erschüttern sie zwar, doch sie läßt sich davon nicht entmutigen.

Einen unerwarteten „Auftrag" erhält sie im Juli 1953 im Zusammenhang mit einer neuerlichen Romreise. Rom zieht Madeleine an wie ein Magnet. Auch dieses Mal fährt sie dorthin, um zu beten, will aber einige Tage bleiben.

Obwohl diese Reise von außen betrachtet bei weitem nicht so verrückt ist wie die im letzten Jahr, erscheint sie mir dennoch viel unvernünftiger ... – um so schlimmer für die Vernunft ... Für einmal mag's durchgehen.

Auf dem Bahnhof von Bourg fällt Madeleines Blick auf einen Herrn mit violetten Strümpfen. Es ist Bischof Lallier von Nancy, ein alter Bekannter aus ihrer Pfadfinderzeit. Für eine kurze Strekke fährt er mit demselben Zug, und die Unterhaltung kommt in Gang. Er zeigt sich besorgt, weil Madeleine weder eine Unterkunft in Rom organisiert noch die Leute, mit denen sie zusammentreffen will, benachrichtigt hat. Sogleich schreibt er zwei Zettel, einen für die Borromäerinnen, wo sie Unterkunft finden könne, den anderen für Veuillot. Bischof Lallier bittet Madeleine, ihn in seinem Namen aufzusuchen; sie möge darauf drängen, daß er ihn sehen und ihm von den „Winkeln in Frankreich und den dort anstehenden Problemen" berichten könne.

Veuillot ist zu der Zeit dem Staatssekretariat angegliedert. Seit 1949 gehört er zu den engen Mitarbeitern von Montini. Durch seine Amtsgeschäfte hat er genaue Kenntnis aller wichtigen Angelegenheiten, die das Leben der Kirche, vor allem auch in Frankreich, betreffen. Die Diskretion, zu der er verpflichtet ist, hat seinen überaus lebendigen apostolischen Eifer nicht erstickt. Ist er es nicht gewesen, der später, nachdem er Erzbischof von Paris geworden war, die Arbeiterpriester wieder zulassen sollte?

Mit großer Aufmerksamkeit verfolgte Veuillot alles, was in der Kirche aufkeimte, und verstand es, unermüdlich all jene anzuhören, die nach Rom kamen, um ihre Stimme zu erheben. Es fiel ihm nicht schwer, sich auf sie einzustellen: Ihre Anliegen trafen auf eine Persönlichkeit, die zutiefst vom Geist der Freiheit und einer kühnen Weisheit geprägt war.

Während Madeleines kurzen Aufenthaltes empfängt er sie sechsmal, mehrmals lange. Sie erzählt ihm von ihrer Reise im Jahr zuvor, von ihrem Leben in Ivry. Sie beschreibt die Welt der Kommunisten, ihrer Freunde, die Ideale, die sie vertreten, die Werte, für die sie kämpfen, die marxistische Verführung. Sie überreicht Veuillot einen Bericht, den sie für alle Fälle mitgenommen hatte in der Hoffnung, P. Guéguen zu erreichen, der aber nicht in Rom ist.

Veuillot interessiert sich sehr für diesen Bericht. Er erkennt seine Wichtigkeit, zögert aber, ihn dem Papst vorzulegen. Die römische Umgebung, so sagt er Madeleine, sei „meilenweit" von einer solchen Sicht der Dinge entfernt. Dem Kommunismus gegenüber herrscht Furcht; die einzige Lösung scheint darin zu bestehen, die Christen vor jeglichem Kontakt mit ihm zu bewahren. Madeleine beharrt darauf: Die Hälfte der Menschheit ist im Elend des Atheismus versunken. Müßte man diese Männer und Frauen nicht nach Möglichkeit aufsuchen auf den Wegen, die sich uns bieten? Ist das nicht die Berufung der *Mission de France* und der Arbeiterpriester? Hat es Irrwege gegeben? Aber der heilige Petrus selber hat Dummheiten gemacht, war er doch auf dem besten Wege, seine Berufung zu verpfuschen. Der Herr hat ihn aufgerichtet, er hat sie ihm nicht genommen.

Zweifellos sind die Verirrungen zurechtzurücken, aber Madeleine hat große Angst vor einem scharfen Dokument, das der Berufung der Arbeiterpriester nicht gerecht würde. Sie würden es nicht akzeptieren können. Madeleine entdeckt, daß man die Arbeiterpriester in Rom sehr wenig kennt, fast nur aus ständigen Verleumdungen und Anklagen. Sie ist froh, daß sie hat sprechen können, daß sie angehört und anscheinend „verstanden“ worden ist; aber sie ist nicht ganz beruhigt. Die Echos, die sie in Rom vernommen hat, stimmen wenig zuversichtlich.

Wiederum dank Veuillot wird sie in halböffentlicher Audienz von Papst Pius XII. empfangen. Sie kann nicht über Ivry, die marxistische Stadt, sprechen, aber sie legt kurz dar, wie sie als Laie in einer Gemeinschaft gelebtes Christentum verwirklichen will. „Je weiter wir gehen, um so mehr verstehen wir, daß wir dieses Leben nur leben können, wenn wir uns in die Kirche einsenken.“ Sie erzählt:

Als ich ihm gesagt hatte, was ich ihm sagen wollte, hat der Heilige Vater zwischen den Fragen, die er mir stellte, und seinem Segen dreimal und mit großer Eindringlichkeit gesagt: „Apostolat“. Ich war sofort von diesem Wort getroffen, denn dieses Wort hatte für mich etwas „Fremdes“: in Frankreich sagen wir seit langem: „Mission“.

Madeleine ist sehr beeindruckt von dem Gesicht des Papstes und von dieser Eindringlichkeit. Sie kommt mit diesem dreifachen „Apostolat“ im Kopf und Herzen heim. In ihrer Umgebung findet ihre Begeisterung kaum ein Echo. Was kann ein Papst einer Christin sagen, die erklärt, in einem ungläubigen Milieu zu leben? Aber Madeleine ist überzeugt, daß sie das, was der Papst ihr gesagt hat, wenn er einmal im Leben mit ihr gesprochen hat, ernst nehmen muß, und sie vertieft die Bedeutung dieses Wortes.

Ich habe versucht, neu zu entdecken, was „Apostolat“ meint. Ich glaube verstanden zu haben, daß es nicht dasselbe meint wie unser Wort „Mission“. Mir ist nach und nach aufgegangen, daß der eigentliche Beweggrund des Apostolats dem gefehlt hat, was ich – oder was vielleicht wir – Mission genannt haben: das heißt, über die Frohbotschaft, die wir den Menschen bringen, selbst über ihr Heil die Ehre Gottes stellen. Dieser Gesichtspunkt hob wie mit einem Schlag den Mangel jener Dimension wieder auf, an dem die Mission zu leiden schien. Mit ihm fielen auch die falschen Konzessionen in sich zusammen, da er die apostolische Grundforderung erhellte: Gott solle für die ganze marxistische Welt nicht mehr tot sein.

Jahrelang hat sie im Kontakt mit den Marxisten gegen die Ungerechtigkeiten gekämpft, hat die Ärmsten verteidigt, hat die Besitzlosen, die Ungläubigen lieben wollen. Aber war der Preis dafür nicht ein Verblassen jener überwältigen Erkenntnis des Herrn? Das dreimal wiederholte Wort „Apostolat" bestimmt fortan ihr Verständnis vom Leben unter den Marxisten. Wesentlich erscheint ihr, zunächst in sich und in den Gläubigen den Sinn für die Anbetung zu wecken, für die Anbetung eines Gottes, der möchte, das alle Menschen ihn als lebendigen, liebenden Gott erkennen. Sodann gilt es, neu zu betonen, daß jeder Mensch das Recht hat, sich von Gott geliebt zu wissen mit einer Liebe, die ihm nur durch die Liebe mitgeteilt und bezeugt werden kann.

Madeleine fragt sich auch, ob sie sich mit ihren Freundinnen in dem verborgenen Leben nicht zu sehr abgekapselt hat. Die Frage wird in der Gruppe erörtert, und Madeleine, von allen Seiten ermuntert, begibt sich entschlossen ans Schreiben.

Seit zwanzig Jahren lebe ich in einer Stadt, die zwar in Frankreich eine Ausnahme bildet, aber gewissen Strukturen der Städte in den Volksrepubliken gleicht und äußerlich dem Weltkommunismus angeschlossen ist. Aufgrund dieser Umstände schien es mir, daß ich es der Kirche schuldig bin zu sagen, was ich hier langsam entdeckt habe.

PRÜFUNGEN FÜR DIE „MISSION"

Im August 1953 wurden die Arbeiterpriester in die große Streikbewegung einbezogen, die das ganze Land erschütterte. Die Spannung zwischen ihnen und der Hierarchie nimmt zu; die Krise zeichnet sich ab. Am 6. September wird den 244 Seminaristen der *Mission de France* mitgeteilt, daß ihr Institut in Erwartung einer Entscheidung des Heiligen Stuhls geschlossen ist. Am 8. September verfaßt Madeleine einen Brief an Bischof Lallier, dessen Entwurf erhalten ist:

Es tut mir sehr leid, daß ich Ihnen noch einmal mit einem Schreiben zur Last falle ... Ich verspreche, daß es nicht zur Gewohnheit wird!

Seit Mittwoch geht das Gerücht – das natürlich aus sicherer Quelle kommt! – um, daß Limoges geschlossen ist, bis es einen neuen Status erhält, daß die Arbeiterpriester aus den Orden von diesen zurückberufen werden und daß die Praktikanten aus allen Seminaren ihr Praktikum abbrechen müssen. Andere, hoffnungsvollere Nachrichten kommen aus der Provinz. Ich habe all das erst am Samstag erfahren und finde keinen, der mir einigermaßen sichere Informationen geben könnte. Den jungen Männern schaden allein schon diese Gerüchte sehr.

Wenn sie zutreffen und eine Flut von negativen Maßnahmen über sie hereinbricht, glaube ich, daß daraus schwerlich etwas anderes als Böses erwachsen wird ... Ich bin sehr besorgt angesichts der Härte der Entscheidungen, wenn sie tatsächlich so geplant sein sollten. Es wäre eine unerschütterliche Standfestigkeit vonnöten, um sie zu überstehen ...

Wenn in der Bilanz dieser zehn Jahre spektakuläre Katastrophen zu verzeichnen sind, so ist auf der Seite der Aktiva für die französische Kirche als Ganzes eine Fülle von Entdeckungen und neuer Tatkraft zu verzeichnen, echte apostolische Lebenszeugnisse, die von den „Missionen" ausgehen. Dies rechtfertigt durchaus, eine Berufung zu verteidigen, die deshalb so gefährlich gewesen ist, weil man ihre Gefahren nicht kannte.

Wenn man – mit vollem Recht – nicht mehr will, daß die Retter ertrinken, könnte man dann nicht versuchen, ihnen Rettungsringe zuzuwerfen, anstatt unzählige Menschen allein untergehen zu lassen?

Ich liebe sie alle zu sehr, als daß Sie, Exzellenz, mir sagen könnten, ich würde mich in eine Angelegenheit mischen, die mich nichts angeht; und ohne mich durch diese bitteren Früchte meiner Romreise entmutigen zu lassen, bete ich weiter für sie – und für Sie mit all meiner ehrfurchtsvollen Dankbarkeit.

Madeleine erhält einen Hilferuf von Pater Loew: In aller Eile muß ein Bericht abgefaßt werden, um die *Mission* zu verteidigen. Sofort reist sie nach Marseille. Zur gleichen Zeit begehen die Arbeiterpriester immer mehr Ungeschicklichkeiten und greifen besonders den Arbeiterbund an. So wurde folgender Text, der am 14. September in *Le Monde* erschien, von den Arbeiterpriestern der Pariser Region gutgeheißen:

Diese Doktrin (des Arbeiterbundes) äußert sich in einer – je nach den Umständen mehr oder weniger versteckten – Opposition gegen den Gewerkschaftsbund und die Einheit der Arbeiterklasse, und sehr oft durch tatsächliche Zusammenarbeit, und, wie es am 20. August der Fall war, durch Zusammenarbeit mit den Unternehmern ...

Bald darauf fällt die Entscheidung. Am 23. September teilt Nuntius Marella den französischen Bischöfen die Entscheidung der Kurie mit: Das Experiment der Arbeiterpriester muß abgebrochen werden. In allen missionarischen Gruppen herrscht Bestürzung. In der Presse erscheinen Reaktionen und Proteste in großer Zahl. Madeleine, die gewisse Unklugheiten bedauert und das Drama vorausgeahnt hatte, empfindet schmerzlich die Bestürzung der Priester, deren Berufung so grausam zunichte geworden ist. Um die Mission zu verteidigen, die dem Sturm ausgesetzt ist, versucht Madeleine eine Analyse der Situation.

Ich denke, man muß wagen zu sagen, daß die Mission von ihrer Berufung her eine Neigung zum Marxismus hat ... Es gibt zwei Weisen, zum Marxismus zu neigen: eine Tendenz des Bündnisses, eine Tendenz des Heils. In der Berufung der Mission liegt vielleicht eine besonders ernste Forderung: die Tendenz zum Heil. Was in ihrer Berufung die eigentliche Gefahr ausmacht, ist die Tendenz zum Bündnis.

In der Prüfung ist Madeleine einem jeden und allen nahe durch das Gebet: „Das einzige, was klar ist: Beten wie der heilige Petrus, den Kopf zu Boden geneigt." Ein Brief vom 25. Januar 1954 zeigt, was sie in dieser in jeder Hinsicht schmerzvollen Zeit durchmacht:

Es scheint mir, daß wir augenblicklich auf der ganzen Linie für sie aufrecht stehen müssen. Es ist sicher, daß sie am Kreuz hängen und daß man bei ihnen Wache stehen muß, wie sie auch reagieren mögen. Wie bei jedem Kalvaria sind da die Schlafenden, die feige Fliehenden, die Spötter; wer sie liebt, muß ihnen ganz nahe sein, um die Hoffnung zu bezeugen. Sicher gibt es Ermüdungserscheinungen bei denen, die Wache stehen sollten, denn wahre Hoffnung gibt es nur, wenn man zugleich Gründe hätte, die Hoffnung zu verlieren.

Ich denke, im Augenblick sieht der Plan Gottes für jeden von uns solche „Prüfungen" der Hoffnung vor, in denen sich unsere Treue erweisen muß.

Wenn sie glaubt, irgendwie von Nutzen sein zu können, macht sie sich tapfer ans Werk. So schreibt sie dem Obern des Seminars der *Mission de France*, P. Perrot, einen langen Brief. Sie entwickelt darin ihre Gedanken zu der spezifischen Aufgabe der *Mission*, den sie bedrohenden Gefahren und ihren belebenden Kräften.

Von ihrer Korrespondenz mit den Arbeiterpriestern haben wir ein Zeugnis: den Entwurf eines Briefes, den sie nach langem Zögern einem von ihnen, der vielleicht aufgeben wird, zukommen läßt. Das Dokument datiert vom 18. November; zwei Tage zuvor hatten die Kardinäle Liénart, Gerlier und Feltin, die aus Rom zurückgekehrt waren, eine Verlautbarung im Sinne der römischen Beschlüsse veröffentlicht. Madeleine schreibt:

Pater, Sie erinnern sich vielleicht nicht an unsere letzte Begegnung im vorigen Jahr bei meinem kurzen Besuch in Rom. Ich erinnere mich, daß Sie mir sagten: „Ich bin noch 10 Minuten mit Ihnen in St. Peter zusammen" – in dieser Peterskirche, deren Fest heute begangen wird.

Von den Arbeiterpriestern in Paris kenne ich Sie am besten – oder am wenigsten flüchtig. Deshalb schreibe ich Ihnen. Warum? Weil es mir scheint, daß ich, wenn ich diese Woche nicht einem von Ihnen allen schriebe, mich von der Kirche selbst abschneiden würde, indem ich mein eigenes Stück Leben neben Ihrem Stück Leben nicht vollständig lebte, und daß ich, wenn ich schwiege, nicht vollständig leben würde.

Über die wenigen Häuserblöcke hinweg, die uns voneinander trennen, glaube ich, daß es Ihnen möglich ist, mich ebenso laut sprechen zu hören wie Ihre Kameraden, wie Ihre Nachbarn, die ebenfalls zu Ihnen sprechen.

Von verschiedenen Seiten ist mir über die Abendveranstaltung am Freitag berichtet worden. Von verschiedenen Seiten sind mir auch ziemlich unsichere Gerüchte über die Beschlüsse zugekommen, die Sie oder Sie alle fassen werden. Manche dieser Gerüchte haben mich in die größten Ängste versetzt, die ich bisher gekannt habe. Diese Angst betrifft nicht Sie. Ich bin fast sicher, daß Sie mir nicht zutrauen zu verstehen, was Sie betrifft. Leider! Trotzdem sage ich Ihnen, daß Sie eine zu große

Liebe haben, als daß nicht auch Christus selbst in Ihnen wäre. Aber ich habe Angst für die anderen, für jene, die diese Liebe durch Sie empfangen sollen.

Es gibt viele Möglichkeiten, gegen die Angst anzukämpfen. Zur gleichen Zeit, als Madeleine in aller Intensität den Ernst des Geschehens erlebt und versucht, ihren Freunden zu helfen und der Kirche treu zu bleiben, macht sie sich Luft, indem sie ihrer dichterischen Ader freien Lauf läßt. Das ist ihre Art, im Sturm standzuhalten und die Dunkelheit ein wenig zu erhellen.

Mit dem ihr eigenen Wirklichkeitssinn bemüht sich Madeleine, dem Leben, das für viele nur aus Kummer und gescheiterten Hoffnungen besteht, auch eine positive Seite abzugewinnen. Zu einer Zeit, da viele meinen, daß die römischen Erlasse ihr Lebenswerk vernichten, überläßt sie sich nie der Resignation. Das Werk muß eines Tages neu erstehen, aber in veränderter Form. Madeleine will die Probleme nicht umgehen, sie stützt sich auf das, was sie „die Logik des Glaubens" nennt und was weder Qual noch Schmerz ausschließt.

FAMILIENSORGEN

Im Jahr 1954 verschlechtert sich Madeleines Gesundheitszustand zusehends. Hinzu kommt die Sorge um ihre Eltern. Sie und die Ihren werden von mancherlei Krankheiten heimgesucht. Sie leidet unter Magenbeschwerden, Nasenentzündungen, Migränen und müßte sich schonen. Doch sie hat zu viel zu tun und befolgt die Verordnungen ihres Arztes nach ihrem Gutdünken. Um schneller gesund zu werden, erhöht sie die Dosis oder vernachlässigt die Therapie, die ihr lästig ist. Nach endlosem Zögern, ob sie sich die Zähne richten lassen soll, überredet sie schließlich in grenzenlosem Leichtsinn einen alten befreundeten Zahnarzt, ihr elf Zähne auf einmal zu ziehen.

Sie soll eine Erholungskur machen. Aber der Plan zerschlägt sich, als drei Arbeiterpriester eintreffen, die auf sie zählen, um ein von Kardinal Feltin erbetenes Dossier zu erstellen. Er möchte es in einen Bericht aufnehmen, den er nach Rom mitnimmt. Auch andere Gründe hindern sie daran, sich auszuruhen. In Mussidan ist ihr Vater krank und ihre Mutter ständig bettlägerig.

Herr Delbrêl ist neben seiner Erblindung nun auch von Taubheit bedroht. Somit kann er kaum noch mit seiner Umgebung verkehren, und seine Tochter fährt immer öfter von Paris nach Mussidan und zurück. Sie muß einen Arzt finden, der sich des Falls annimmt und empört sich: „Die Ärzteschaft von Mussidan hat ihre eigenen Ansichten über die alten Leute; alles, was sie haben, ist unheilbar."

Madeleines Besuche bei ihrem Vater verlaufen jedesmal peinlich. Sie muß seine Vorwürfe über sich ergehen lassen, und schlimmer noch ist seine vorgespielte Gleichgültigkeit. Herr Delbrêl liebt seine Tochter nach wie vor, das weiß sie. Aber er spielt seine Rolle und weist der Tochter die ihrige zu: er, der unglückliche Kranke, der von seinen Angehörigen verlassen wird; sie, die unwürdige Tochter, gleichgültig gegenüber seinem Leiden. Die Rollen sind klar verteilt und dürfen auf keinen Fall geändert werden. Zuweilen werden die Nachbarn zu der Inszenierung eingeladen. Dieses „Theater" macht den Aufenthalt bei ihrem Vater für Madeleine fast immer zu einer wahren Tortur. Zwar ringt sie mit sich, aber manchmal verläßt sie der Mut: Einmal überraschte sie ihre Freundinnen, die sie vor ihrer Abfahrt nach Mussidan gebührend verabschiedet hatten, damit, daß sie eine Stunde später wieder zu Hause war. Fünf Minuten vor Abfahrt des Zuges hatte sie gekniffen: „Ich habe keinen Mut gehabt!" Natürlich fing sie sich wieder und trat am nächsten Tag die Reise an.

Wenn Madeleine von ihrem Vater spricht, auch von ungewöhnlichen oder schwer erträglichen Situationen, spürt man ihrer Kindesliebe immer eine mit Humor gepaarte Zurückhaltung an. Einem Freund, der Herrn Delbrêl besucht, gibt sie folgende Ratschläge:

Mein Vater wird Ihnen sicher von der Wohnung erzählen: Teilen Sie seinen berechtigten Ärger; sagen Sie ihm, daß ich ebenso denke und daß ein Angriffsplan vorbereitet wird. Er ist überzeugt, daß ich mit seinen Mietern Freundschaft schließen will.

Er wird Ihnen sicher auch sagen, daß meine Mutter und ich an allem schuld sind, was nicht klappt; unnötig, über eine so offenkundige Tatsache zu diskutieren! Sie können ihm sagen, daß Sie meine Mutter kennen – halten Sie sich nicht bei diesem Thema auf! ... Ibéry ist ein Fall, den man mit Vorsicht angehen muß. Er bildet sich ein, daß ich – mütterlicherseits natürlich – den Hang zum Luxus ererbt hätte.

Madeleine, ständig hin- und hergerissen zwischen dem Wunsch, ihren Eltern ein Mindestmaß der von ihnen beanspruchten Zuwendung und Nähe zu geben, ihren vielfältigen Verpflichtungen nachzukommen und der Notwendigkeit, sich zu schonen, hat kein leichtes Leben.

Ich bitte Sie nochmals um ein kleines Gebet für die Situation in meiner Familie: Das war in den letzten Monaten ziemlich aufreibend ... Jetzt wird sie fast unlösbar, und das zu einem Zeitpunkt, wo andere Pflichten dringender sind als je zuvor. Die Dinge sind so unvereinbar, daß weder ich noch sonst jemand darin klar sehen kann.

Und dann folgt das Leid der endgültigen Trennung. Anfang Juni 1955 reist die gänzlich erschöpfte Madeleine zur Erholung fort. Am selben Abend stirbt ihre Mutter an einem Herzanfall. Es ist ein großer Schmerz für Madeleine, daß sie nicht bei ihr sein konnte und daß sich neue Schwierigkeiten mit ihrem Vater anbahnen. Ende August wird er selber ernstlich krank, und damit ist auch für ihn das Ende seines leidvollen Lebens gekommen. Dem Tode nahe, verlangt er, wie immer ein wenig theatralisch, daß alle seine Freunde sich an seinem Bett versammeln; er habe eine Erklärung abzugeben. Madeleine zittert, sie fürchtet sich vor der Art und Weise, wie er es tun wird. Aber zur Überraschung aller ist es eine eindringliche und zärtliche Liebeserklärung für seine Tochter. „Niemand, hört ihr, niemand hat eine solche Tochter gehabt wie ich. Meine Tochter, wir sind glücklich, wir sind gesegnet." Madeleine sagt Dank: „Gott hat mir 24 Stunden gewährt, in denen mein Vater wie früher war und wo wir uns wiedergefunden haben. Diese Stunden sind teuer erkauft worden."

Herr Delbrêl stirbt am 18. September. Vor der Beisetzung muß Madeleine noch einmal in die Gegend von Paris zurückkehren, wo sie im Rahmen von Pfarrexerzitien einen Vortrag hält. Sie regelt die Erbschaft so, daß die beiden Personen, die ihre Eltern bis zum Tod gepflegt haben, Eva und Clémentine, reichlich bedacht werden. Als sie die Papiere sichtet, entdeckt sie ihre eigenen Gedichte, ihre Zeichnungen, ihre Briefe, die ihr Vater mit peinlicher Gewissenhaftigkeit aufbewahrt hatte. Während sie alles verbrennt, durchlebt sie noch einmal viele schmerzliche Augenblicke …

Das Leid, das mir dieser Sommer zu wiederholten Malen brachte, hat die ganze menschliche Kraft gefordert, die ein normales Wesen besitzt. Andererseits bin ich glücklich, im Glauben zu wissen, daß jeder aufatmet, wenn er so gelitten hat. Es war ein Leiden, über das kein Mensch Herr werden konnte, das aber uns alle beherrschte.

In den Jahren 1954 bis 1958, die von Krankheit und Familientrauer gezeichnet sind, ist Madeleine an zwei Fronten auf intensiver Suche. Zum einen hat die Gruppe wichtige Probleme zu lösen, zum anderen arbeitet sie daran, getreu den Einsichten, die sie 1953 aus Rom mitgebracht hat, eine Frage schriftlich zu beantworten, die sich ihr mehr und mehr aufdrängt: „Ist der Marxismus eine apostolische Herausforderung für die Kirche?“ Das ist auch der Titel eines Berichts, den sie 1954 Veuillot zukommen läßt, und die Frage, die sie in vielen Versammlungen stellt, in denen sie das Wort ergreifen muß.

Anfang 1954 kündigt die ständige Bischofskommission an, daß die Arbeiterpriester durch die „Priester der Arbeitermission“ ersetzt würden. Diese haben nur eine beschränkte Arbeitszeit, damit sie sich ihrem Seelsorgsdienst genügend lange widmen können. Sie müssen außerdem auf jede vorübergehende gewerkschaftliche oder politische Betätigung verzichten. Gleichzeitig erhält jeder Arbeiterpriester einen Brief von seinem Ortsbischof, in dem ihm mitgeteilt wird, daß er seine Arbeit bis zum 1. März aufgeben muß. Im folgenden Monat erscheinen zahlreiche Antworten der Betroffenen in der Presse. Viele sind nicht gewillt, sich der Hierarchie zu unterwerfen. Erst im Laufe des Sommers scheint die Krise sich langsam zu legen. Der Heilige Stuhl gibt der *Mission de France* in Pontigny neue Statuten.

Kardinal Liénart, der die Sorge für sie übernimmt, kann den Diözesen, die es wünschen, Priester „ausleihen“. Bei Semesterbeginn dürfen verschiedene Priester, die sich den Weisungen der Kirche unterworfen haben, ihre Arbeit in Verbindung mit den Gruppen der „Katholischen Arbeiteraktion“ und dem Pfarrklerus im Nordosten von Paris wieder aufnehmen. Einen Monat später eröffnet Kardinal Feltin den Journalisten, daß ungefähr „die Hälfte der Arbeiterpriester die von der Kirche verlangte Lösung akzeptiert hat“.

Vor dem Hintergrund der ernstlichen Infragestellung der Missionsarbeit in der Arbeiterwelt und der Suche nach Kriterien eines echten Apostolats ist der Rat von Madeleine mit ihrer einzigartigen Erfahrung sehr begehrt. Ihre Zuneigung zu den Kommunisten, ihre Kenntnis einer kommunistisch regierten Stadt und ihre Treue zur Kirche sind allgemein bekannt. Pfarrgeistliche oder andere Priester, Mitglieder der Katholischen Aktion und Missionsgruppen laden sie zu Studientagen und Konferenzen in Paris und in der Provinz ein.

Da sie sich vor den verschiedensten Zuhörerkreisen äußern muß, ist sie gezwungen, ihre Aufzeichnungen ständig zu vervollständigen. Sie werden von Hand zu Hand weitergereicht und bilden schließlich eine umfangreiche Akte. Die „Katholische Arbeiteraktion", mit der Madeleine mehrmals zusammengearbeitet hat, läßt sie vervielfältigen und binden. Aber wie soll man im Vorwort jenen unbekannten Verfasser vorstellen, der seltsamerweise in keine der herkömmlichen Kategorien paßt? Madeleine ist weder Mitglied der Katholischen Aktion noch Fabrikarbeiterin, noch Anhängerin einer politischen Organisation. Sie unternimmt es, ein Porträt von sich selbst zu entwerfen, um dem Leser zu zeigen, wo sie ihren Platz in der Mission, in ihrer Stadt und in der Kirche sieht. Sie schreibt:

Diese Texte enthalten Aufzeichnungen einer Christin. Sie sieht sich nicht als Mitglied irgendeiner bestimmten Bewegung, aber erhebt nichtsdestoweniger den Anspruch auf den Namen einer „Kämpferin".

Es ist leicht zu sehen, wenn man gewisse Seiten gelesen hat, in welchem Sinn sie dieses Wort auf sich anwendet. Sie widersetzt sich vielleicht etwas systematisch allen Spezialisierungen, weil es schien, daß das Leben ihr alle vorenthalten hat: Herkunft, Wohnorte, Berufsausübung, religiöse Überzeugungen.

Eines aber nimmt sie für sich in Anspruch: mehr als 20 Jahre in Ivry-sur-Seine gelebt zu haben.

Daß sich ihre Arbeit dort auf recht zusammenhanglose Gebiete erstreckt hat, stört sie nicht: eine Zeitlang Sozialassistentin in einer Pfarrei und Mitwirkende in der Stadtverwaltung; Stadträtin während des Krieges; nach dem Krieg verantwortlich für einen Bereich sozialer Fragen, ebenfalls auf dem Bürgermeisteramt, dieses Mal aber mit der rechtmäßigen Stadtverwaltung; zur Zeit auf ziemlich unkonventionelle Weise Mitarbeiterin in einer Genossenschaft, soweit es die vielen Gesuche um schriftliche Stellungnahmen zulassen ...

Wenn sie versucht, überall dort an der Grenzlinie des Glaubens zu stehen, wo das Evangelium nicht verkündet wird, so berührt die Grenze der Kommunisten sie von allen Seiten: Ist sie ihnen eine Freundin, so ist jeder von ihnen für sie ein Bruder.

Ein einziges Wort, das Wort Apostolat, das sie vor drei Jahren vom Heiligen Vater vernommen hat, liegt diesen Aufzeichnungen zugrunde.

Ihre Aufzeichnungen gehen nicht nur in Frankreich von Hand zu Hand. Veuillot ist es zu verdanken, daß sie auch nach Rom gelangen. Es ist einer der größten Wünsche von Madeleine, in Rom von der offiziellen Kirche angehört zu werden, damit diese aufhöre, die Marxisten als Feinde zu betrachten, die niedergerungen werden müßten. Am 17. März 1955 schreibt sie an Veuillot:

Eines kann ich nicht verstehen, was nach der Ehre Gottes ausgerechnet das zweite Ziel meiner Arbeit betrifft: Wie kann die Kirche Menschen, die von Christus erlöst worden sind, ihre Liebe durch Waffen, durch menschliche Diplomatie und durch Presseartikel bezeugen, die nicht den Irrtum aufdecken, sondern die Menschen aburteilen? In apostolischer Hinsicht bedeutet das, zwischen sich und jenen Menschen eine furchtbare Schranke zu errichten.

Um Gehör zu finden, muß man seinen Stil dem Milieu anpassen, das man erreichen will. Aus einem Brief vom 4. April 1955 an Bischof Lallier geht hervor, daß sie in dieser Sache auch Veuillot um Rat gebeten hat:

Als Msgr. Veuillot mit mir im September über meinen „Lagebericht" sprach, fragte ich ihn, ob er die Stellen anstreichen könne, die für eine positive Verwertung in seinem „Milieu" hinderlich wären.

Er schickte mir eine Korrektur, für die ich ihm niemals dankbar genug sein kann. Ich glaube dadurch verstanden zu haben, daß eine Wahrheit keine Wahrheit mehr ist, wenn sie nicht in andere Zusammenhänge eingebettet wird, wenn sie bloß angerissen wird, ohne daß man ergänzend auch auf ihre Grenzen aufmerksam macht. Ich versichere Ihnen, daß diese sechs Seiten Anmerkungen für mich die Wirkung einer intellektuellen Kur gehabt haben.

Madeleines Schreibweise verliert dadurch zweifellos an Spontaneität. Der Text wird nuancenreicher und somit schwerfälliger, entspricht aber mehr ihren Vorstellungen. Sie ist sicher, bei seiner Vorbereitung im Einklang mit der Kirche zu stehen, und als sie sich entschließt, ihn zu vervollständigen und als Buch zu publizieren, kann sie in Wahrheit schreiben: „Wenn ich dich liebe, Kommunist, dann nicht trotz der Kirche, sondern dank ihrer, in ihr."

Dieses Buch „Christ in einer marxistischen Stadt", das Werk eines ganzen Lebens, erscheint im Original im Jahr 1957. Madeleine hält es lediglich für eine provisorische, zeitgebundene Analyse:

Der Marxismus ist in der Geschichte noch nicht „festgelegt"; er hat noch nicht das stabile Knochengerüst meiner alten Mitbürger von Dordogne; ein kleiner Zwischenfall, ein kleiner Ruck – und schon am nächsten Tag können Ansichten, die ich heute für richtig halte, durch neue Fakten widerlegt sein, sei es vorübergehend oder endgültig. In diesem Fall würde die Veröffentlichung fast überflüssig.

Ungeachtet dieser Einschätzung haben ihre außerordentlich scharfsichtigen Analysen und die apostolische Strategie, die sie in diesem Buch beschreibt, bis heute und trotz des Niedergangs der Kommunistischen Partei ihre Bedeutung nicht verloren.

Madeleine ringt diese Blätter buchstäblich ihrer Krankheit ab. Zwischen Bett und Arbeitstisch müht sie sich darzulegen, wie man sich angesichts der systematischen Gottesleugnung als Christ verhalten kann. Vielleicht finden sich hier die schönsten Seiten, die Madeleine je geschrieben hat; sie gehen weit über ihre geschichtlichen Bedingtheiten hinaus. Wie in Arabesken, zuweilen undeutlich, zuweilen in aller Schärfe zeigt sie uns eine moderne Version des leidenden Gottesknechtes in einer ungläubigen Umgebung. Wenige Christen im Westen fühlen sich von dieser ergreifenden Gestalt angesprochen; Madeleine glaubt jedoch, daß sie sich auch an Menschen hier wendet. Darüber hinaus aber denkt sie an all jene, die in Ländern leben, wo zu ihrer Zeit Gott offiziell geleugnet wird.

Madeleine hat dieses Buch für Christen geschrieben – vor allem, damit es von den Verantwortlichen der Kirche gelesen werde. Obwohl sie sich bewußt ist, Gefahr zu laufen, dadurch manche ihrer kommunistischen Freunde zu verlieren, scheut sie sich nicht, es ihnen zu schicken. Sie entschuldigt sich im voraus für das, was es an Gegensätzen zu ihrer Ideologie enthält; gleichzeitig beteuert sie ihnen ihre persönliche Zuneigung.

Ihr guter Freund Venise Gosnat[2] hat nach Madeleines Tod den Text der Widmung mitgeteilt, die sie ihm in sein Exemplar geschrieben hatte:

Herrn Venise Gosnat, dessen schlechte Schülerin im Fach Marxismus ich bin, aber auch dessen treue Freundin, voller Hochachtung für seine Güte und Großmut, widme ich dieses Buch von ganzem Herzen, in der Gewißheit, daß er, selbst wenn er es nicht gutheißt, doch verstehen wird.

Es war für Madeleine eine große Freude, einen Brief von ihm zu erhalten, der tatsächlich bezeugte, daß er, obwohl er es nicht guthieß, so doch verstand. Das Zeugnis von Venise Gosnat bedeutete für Madeleine gewissermaßen eine Rechtfertigung ihres Bestrebens, den Marxisten zur Seite zu stehen, ohne den Marxismus anzunehmen, aber auch ohne die wesentlichen Fragen auszuklammern, die er stellte. Eine solche Reaktion beweist, daß eine unnachgiebige Haltung gegenüber der Doktrin, gepaart mit einem vorbehaltlosen Ja zu den Menschen, die ihr anhängen, tiefen Eindruck auf die Kommunisten, die mit ihr arbeiteten, machen konnte. Der sich daraus ergebende Briefwechsel zwischen Gosnat und Madeleine wurde mit Gosnats Einverständnis in die zweite Auflage von *Ville marxiste*, die nach Madeleines Tod erschien, aufgenommen.

Bestätigung einer Berufung

1954 – 1958

Manche Seiten von „Christ in einer marxistischen Stadt“ geben ohne ihre Absicht das geheime Leben von Madeleine preis, ihr Leiden, ihre Einsamkeit. Sie spricht darüber wie vom Los eines jeden Christen, der versucht, das Evangelium in seiner ganzen Konsequenz zu leben. Wenn er will, daß die Liebe sich seiner bedient, muß er wissen, daß das Leid in sein Leben einbricht, „das, was man nicht vorausgesehen hat“ und ganz allein tragen muß.

Leid und Einsamkeit hat Madeleine in den Jahren 1954 bis 1958 auf tragische Weise erfahren. In ihrer Umgebung sieht sie vieles zerfallen und zerbröckeln. Sie wird von der Krankheit aufgerieben, die ihrem Wirken Grenzen setzt. Ihre Eltern sterben kurz hintereinander, und durch die Umstände ihres Todes brechen in Madeleine alte Wunden wieder auf. Die *Mission de France* ist wie ein sinkendes Schiff. Ihr Buch über die Präsenz von Christen im marxistischen Milieu, das sie im Zweifel verfaßt hat, birgt die Gefahr, daß sie Freundschaften verliert, an denen ihr am meisten liegt: die ihrer kommunistischen Freunde. Einige Mitglieder, die auf der Suche nach ihrer Identität sind, scheinen sich von der Gruppe trennen zu wollen.

Bei allem Bemühen, die verschiedenen Bestrebungen zu respektieren, kämpft Madeleine mit ganzer Kraft gegen die Gefahr der Spaltung. Gewiß, das Vertrauen, das man ihr entgegenbringt, ist im Tiefsten nicht erschüttert. Man hatte sie immer als unentbehrlichen Wegweiser angesehen, der den Pfad bestimmte. In regelmäßigen Abständen wurde ihre Rolle durch Wahl bestätigt, aber nun ist eine gewisse Panik ausgebrochen, und Panik steckt an. Es geht um eine an sich berechtigte Frage, die immer wieder gestellt wird: Ist es vernünftig und ratsam, ein gottgeweihtes Leben zu führen, das nicht in den von der Kirche vorgesehenen Rahmen paßt? Soll man aus freien Stücken diese Situation beibehalten oder nicht doch einen anderen Weg suchen, auf dem man die Ehelosigkeit um des Himmelreiches willen verwirklichen kann?

Madeleine hat selber stets darunter gelitten, eine Verantwortung zu tragen, die durch keinerlei kirchlichen Auftrag legitimiert war. Seit 20 Jahren versucht sie, diesen Widerspruch zu lösen, indem sie sich so oft wie möglich an den Bischof wendet. Die Kardinäle Verdier, dann Suhard und schließlich Feltin ermutigten die Gruppe immer wieder, den eingeschlagenen Weg mit ihrer Approbation weiterzugehen, ohne eine andere kirchliche Bindung zu suchen. Vielleicht käme einmal die Zeit, in der die Kirche diese Form gottgeweihten Lebens in der Welt offiziell anerkennen würde.

In der Umgebung der Gruppen ist man wegen ihrer Ungesichertheit in Sorge. Man hält dieses Leben von einem Tag auf den anderen, ohne jede Sicherheit für die Zukunft, sowohl in rechtlicher wie auch einfach in materieller Hinsicht, für ziemlich verrückt. Es regnet Ratschläge, sich einer offiziellen Institution der Kirche anzuschließen. Ist es vielleicht doch verkehrt, sich nicht darum zu kümmern? Sie fragen sich, ob ihr Leben nicht utopisch sei. Am 8. Dezember 1957 schreibt Madeleine an Veuillot:

Ich habe immer den frischen Wind von Informationen gewollt, um zu vervollständigen, was bei unserer Entwicklung unsere eigene Berufung betraf. Dieser frische Wind hat so gut geblasen, daß wir nicht nur von einer kräftigen Brise, sondern von wahren

Stürmen umgeben sind. Wenn unsere Gruppe auch nicht davon fortgerissen wurde, wenn sie noch am Leben ist, so ist sie doch recht durcheinandergerüttelt.

Madeleine glaubt an dieses Leben als Laie und zugleich in der Hingabe an Gott, „freiwillig, aus dem Willen heraus …, dem anzugehören, den man liebt“. Sie ist nicht erstaunt, daß Menschen, die sie von außen sehen, stutzig oder irritiert reagieren: Das komme daher, daß sie „Zwitterwesen“ seien. 1956 schreibt sie:

Wir sind ein lebendiger Widerspruch. Es ist die Koexistenz einer der ältesten Kräfte der Kirche und einer ihrer jüngsten Energiequellen: die Selbsthingabe an Gott aus einem rein religiösen Beweggrund, und dies in einer Lebensform, die frei ist von allem, was einer universellen Brüderlichkeit (und einem – nicht vollendeten – Heil) im Weg stehen könnte: im Laienstand. Dieser Widerspruch, in dem wir stehen, ist von außen gesehen schwieriger zu begreifen als im Vollzug, denn man braucht ihn nur zu leben, und schon wird er so einfach wie das Leben selbst.

Es kommt nicht in Frage, irgend etwas Neues zu schaffen oder zu gründen. Es geht ganz einfach darum, das zu leben, was man am Anfang als das Wesentliche der Berufung erkannt hatte, und sich unablässig vom Licht des Evangeliums erleuchten und erneuern zu lassen.

Wenn wir zu unseren Quellen zurückkehrten, erschienen sie uns immer neu; wenn wir auf etwas Unbekanntes zugingen, sind wir von neuem aufgebrochen wie am ersten Tag. Ich würde es vorziehen, diese Lebensform allein und schlecht zu leben, indem ich mir das Recht vorbehalte, hinauszuschreien, was mir zwar mißlingt, was ich aber leben möchte, weil ich an dieses Leben glaube. (Aus einer Notiz an Veuillot, 11. Juli 1956)

Dennoch hält Madeleine – ebensowenig wie Abbé Lorenzo – sich nicht für berechtigt, an einem ungesicherten Lebensstil festzuhalten, wenn er nicht von allen angenommen und gewollt wird. Man sieht sich deshalb bei Säkularinstituten[1] um, die sie gegebenenfalls aufnehmen könnten, aber es ist ein sehr beengender Rahmen in Anbetracht ihrer geringen Zahl. Dann wird ein einfacher Anschluß an ein bereits bestehendes Institut ins Auge gefaßt, in dem man durchblicken ließ, daß es mit einer derartigen Verbindung einverstanden wäre. Für die Gemeinschaft um Madeleine ist es der Beginn mühsamer Kontaktaufnahmen, Besprechungen und mancher Briefwechsel.

Die einen drängen Madeleine zu einer Entscheidung, die anderen zeigen keine Begeisterung, machen aber aus Rücksicht auf ihre Gefährtinnen das Spiel mit. Abbé Lorenzo, der schon durch die Schwierigkeiten, in denen sich die *Mission* befindet, hart geprüft ist, steht betreten vor den widersprüchlichen Meinungen in der Gruppe. Obwohl sich ihr ganzes Wesen dagegen sträubt, treibt Madeleine die Verhandlungen nach Kräften voran, um die Einheit und das Gebot der schwesterlichen Liebe zu sichern. 1958 schreibt sie rückblickend in einer Notiz an Veuillot:

Ich hielt mich über Wasser, so gut ich konnte. Die Umstände verketteten sich, eine Sache zog die andere nach sich, und so wurde ich in ein wahres Netz von Ungereimtheiten verstrickt, deren verheerende Folgen nacheinander um mich her zutage traten. Dabei gab es eigentlich nichts, was man dafür hätte verantwortlich machen können ...

Im Frühjahr 1956 habe ich ernsthaft erwogen, entweder fortzugehen oder zu versuchen, das zu einem guten Ende zu führen, was der unruhigste Teil der Gruppe wünschte: den Anschluß an ein Säkularinstitut. Ich entschloß mich zu letzterem.

Im Frühjahr 1956 verhüteten zwei Ereignisse, daß sie den Mut sinken ließ. Waren es auch an sich nur kleine Begebenheiten, so sollten sie doch von außerordentlicher Bedeutung für Madeleine werden. Sie war von einem lähmenden Zweifel beherrscht: Hatte sie das Recht, die anstehenden Entscheidungen in ihrem Sinne zu beeinflussen und durchzusetzen, was ihr persönlich als die wesentliche Berufung der Gruppe erschien? Wen konnte sie in jener Zeit um einen objektiven Rat bitten? Sie denkt an den Abt der Trappistenabtei von Bricquebec[2], unternimmt aber keine Schritte.

So standen die Dinge, als ihr mitgeteilt wurde, der Abt wolle sie sprechen. Ein wenig erstaunt begibt sie sich zu ihm und merkt, daß es sich um eine Verwechslung handelt und er jemand anderen erwartete. Aber nun hat sie Gelegenheit, von „ihrer Familie" zu sprechen. Von dieser Unterredung kehrt sie mit einem Gefühl der Befriedigung heim und mit der Überzeugung, daß sie das Recht und die Pflicht hat, ihre Verantwortung für die Wahrung der ursprünglichen Berufung der Gruppe wahrzunehmen.

Die Begegnung mit dem Abt bringt innere Ruhe in Madeleines Leben. Sie sieht wieder klar und faßt Mut, aber es bleibt dabei, daß Krankheit und Schwäche kaum je von ihr weichen. Die Arbeit an dem Buch „Christ in einer marxistischen Stadt" geht sehr langsam vorwärts. Madeleine weiß, daß die Gruppe sich nur dann im Geist der Einheit entwickelt, wenn sie selber stark und wachsam genug ist, um unaufhörlich an die Forderungen der gegenseitigen Liebe zu erinnern, auf die sich die gemeinsame Berufung gründet. Aus einem Brief an P. Guéguen vom 30. Oktober 1956 geht hervor, daß sie sich von den nicht enden wollenden Schwierigkeiten erschlagen fühlt.

Sie fragten mich, ob ich den Sommer gut verbracht hätte. Ich glaube, daß ich ihn so verbracht habe, wie es der Wille Gottes war. Besser als ich wissen Sie, was das heißt. Es war ein harter

Kampf, ausgesprochen hart, nicht gegen meine Gemütszustände, sondern gegen Umstände und Ereignisse, die sehr widersprüchlich waren und die meinem armen und verletzlichen Wesen zugesetzt haben ...

Ich ersuche Sie, Gott zu bitten, nicht daß er uns das Licht oder irgend etwas anderes schenke, sondern daß er es nicht zuläßt, daß ich von dem abkomme, was er ist und was er möchte. Was ich für diejenigen ersehne, die er mir an die Seite gestellt hat, das überlasse ich ihm; denn er allein weiß, was gut ist.

Madeleine, die immer noch mit der Abfassung des Buches „Christ in einer marxistischen Stadt“ beschäftigt ist, besucht Veuillot in Rom. Er hat einige Seiten gelesen, in denen sie das Leben ihrer Gruppe beschrieben hat, und ist wegen des Planes einer Angliederung auf dem laufenden. Ohne Umschweife fragt er Madeleine, was sie selbst davon halte. Durch die unvermittelte Art der Frage verliert sie, die sich bemüht hatte, in dieser Sache unparteiisch zu bleiben, ihre Selbstbeherrschung und fängt an zu weinen, wie sie in einem Brief gesteht:

In dieser Angelegenheit war es praktisch unmöglich, das „Persönliche“ und das „Objektive“ auseinanderzuhalten.

Ich verwandelte mich plötzlich in eine „Wasserlache“ – glücklicherweise nur für kurze Zeit, und Msgr. Veuillot in warme, väterliche Liebe.

Madeleine war untröstlich, kein Wort herausbringen zu können. Kaum ist sie wieder im Hotel, verfaßt sie eine Antwort und wirft sie in Veuillots Briefkasten. Es ist eine Art Gesang, Aufschrei oder Gedicht, ein flüchtig hingeworfenes Schreiben ohne irgendeinen bestimmten Plan, aber es wird den Lauf der Dinge für sie und für die Gruppe verändern:

Ich hätte gewollt, gänzlich und allein Jesus Christus anzugehören, unserem Herrn und Gott;
zu versuchen, sein Evangelium zu leben,
rückhaltlos verfügbar zu sein für seinen Willen –
im Herzen der Kirche und für das Heil der ganzen Welt.

Ich hätte gewollt, daß dies allein genügt, um nicht nur deutlich zu machen, daß wir eine festgesetzte Zeit zum Gebet brauchen, frei von jeder Nebenbeschäftigung,
sondern auch, daß wir all unser Tun mit der im Gebet erlangten Erleuchtung und Kraft durchdringen müssen
und daß unsere Rangfolge der Werte, die anders ist als die der Laien oder der „tätigen" Ordensleute, von uns angenommen werde wie eine Unbekannte, die uns jedes Jahr, jeden Tag, jede Stunde kundgetan wird, einerseits durch die unveränderlichen Gebote Gottes, Christi und der Kirche, andererseits durch die Umstände.

Ich hätte gewollt, daß wir als katholische Christinnen in aller Offenheit bekennen, was unser Ziel ist und was uns dahin führt, daß wir Ordensfrauen ohne Titel seien, die den Herrn lieben, auch ohne Familienstammbuch, nicht aber Laien, die sich fest an die Heilige Stadt, unter welchen Bedingungen auch immer, gebunden haben.
In der Stadt leben wir als Töchter Gottes und Töchter der Heiligen Stadt, aber immer müssen wir „hinaus, vor die Mauern gehen":
sei es, um in der Stadt Gott zu begegnen im Namen der Heiligen Stadt,
sei es, um verfolgt zu werden,
sei es, um dort auf vielerlei Weise zu sterben.

Ich hätte gewollt, daß wir diese immer wieder durchschrittenen Mauern erneut durchschreiten in einem ständigen Hin und Her zwischen den Menschen und Gott;

daß wir, um in der Heiligen Stadt zu bleiben und ihre Mauern zu durchschreiten, in allem wie die anderen Menschen leben müssen, ausgenommen, was das Evangelium verwehrt, und sei es allein in seinen Räten.

Ich hätte gewollt, daß diese Verbundenheit mit Christus und mit seiner Kirche den Menschen so klar wie reines Wasser wäre,
daß wir jedes „Wir können nicht" in aller Wahrheit erklären
und daß jedes „Wir können" ein Ausdruck des menschlichen Herzens wie des Herzens Christi ist.
Der Gehorsam einem Menschen gegenüber, den man kennt, und der umfassende Gehorsam den Bischöfen und dem Heiligen Vater gegenüber würden so allen verständlich ...

Ich hätte gewollt, daß der Armut eine Armut ohne Etikett zugrunde liegt: weder proletarisch noch bäuerlich, noch studentisch ..., sondern vor allem eine Armut, wie der Herr sie zeigt: keine Macht, kein Ansehen; die Armut der kleinen Leute, die Niedrigkeit des Armen.
Zu den kleinen Leuten gehören, in jedwedem Beruf, ohne danach zu fragen, was der gesellschaftliche Anstand in dieser oder jener Stellung verlangt.
Arm sein, wie manche armen Leute abgetragene oder altmodische Kleider tragen, die dennoch „gute Kleider" sind.
Vor allem nur Anwärter auf die Armut bleiben, denn Gott ist es, der sie schenkt.

Ich hätte eine glühende und kluge Ehelosigkeit gewollt, die glaubt, daß die wahre Einsamkeit eine Bresche in die Welt schlägt, durch die Gott kommen kann.

Ich hätte eine ungeteilte Liebe gewollt, die vom ersten Gebot ausgeht und bis zu einem Glas Wasser reicht, das man jemandem gibt, eine Liebe, die aus den Anforderungen der Barmherzigkeit und dem großen Aufruf zum Apostolat hervorgegangen ist, und die, weil es die Liebe Christi ist, unmöglich zerstückelt werden kann.

Ich habe die apostolische Liebe wie einen zweiten Ausgangspunkt angesehen, während der erste unser Aufbruch zur Gottesbegegnung war. Danach wären wir dort geblieben, wo Gott uns zu seinem Eigentum gemacht hätte – ganz egal wo oder als was. Selbst wenn die apostolische Liebe ein einsames Leben erforderte, stünde es wohl unserem gemeinsamen Leben näher als das abgeschlossene Leben der mir bekannten Gruppen.

Ich kann schlecht erkennen, was uns zu LAIEN macht; aber auch wenn wir das Herz von ORDENSFRAUEN haben und unser Tun dasselbe Fundament hat wie das ihre, so haben wir doch nicht deren äußere Hülle. (Oktober 1956)

Durch den inneren Schock, den Veuillots unvermittelte Frage in Madeleine ausgelöst hatte, war in ihr etwas aufgerissen, was ihr einen Blick ins Licht eröffnete und die Gewißheit ihrer Berufung gab. In einem Augenblick durchlebte sie alles noch einmal, was sie immer gewollt und gehofft hatte. Mit ihrem schriftstellerischen Talent vermag sie den Rhythmus ihrer Seele, ihre ungeminderte weibliche Feinfühligkeit in Worte zu fassen und in allem – Geste, Gefühl, Gebet –, ein Widerhall des Evangeliums zu sein.

Veuillot ist aufgrund dieses Textes und anderer „vernünftigerer" beeindruckt von dem Leben, das sich in ihnen widerspiegelt. Er gibt den rein freundschaftlichen Rat, wie er ausdrücklich bemerkt, die Verhandlungen für eine Angliederung fortzuführen, weil einige es wünschen, sieht aber nicht ein, daß eine solche Lebensform verschwinden sollte. Eine Angliederung, ja, „aber dabei eine Vertiefung dessen, was Sie sind". In einem Brief, datiert vom 2. November 1956, schreibt er an die Gruppe:

Wenn ich recht verstanden habe, ist es Ihre ausgesprochene Berufung, einfach Töchter der Kirche zu bleiben, die in der Welt und vor der Welt ein gottgeweihtes Leben führen. Man muß eine hohe Wertschätzung für die kanonisch von der Kirche anerkannte Weihe an Gott im Rahmen einer Ordensgemeinschaft oder eines Säkularinstitutes haben. Aber das ist im Augenblick nicht Ihre Berufung: Ihre Originalität und ihr geistlicher Wert liegen im faktischen und öffentlich bezeugten Leben der Evangelischen Räte im Rahmen eines – kanonisch nicht gebundenen – normalen Christenlebens. Im gewöhnlichen christlichen Leben wollen Sie vor den Menschen die Herrschaft Gottes im Leben eines Menschen bezeugen.

Ein Jahr später, am 1. Dezember 1957, schreibt er wieder an die Gruppe:

Die Erfahrung wird zeigen, ob die Angliederung möglich und schließlich wünschenswert ist. A priori gibt es keinerlei Beweis, daß sie besser und „tugendhafter" sei. Ihre kleine Zahl besagt nichts. In Ihrem Lebensstil liegt eine Form der Weihe an Gott in der Welt, die Sie nach dem Willen des Herrn vielleicht in ihrer Ursprünglichkeit bewahren sollen, während er sich vorbehält, dieses „Senfkörnlein" Frucht bringen zu lassen, wann es ihm gefällt.

Wenn Ihre Lebensform „eine Berufung" genannt werden kann, so gehört sie Ihnen nicht; Sie verdanken sie Gott.

Wenn auch nur eine einzige übrigbliebe, die sie leben wollte, fügte Veuillot hinzu, so müßte sie es tun. Madeleine gegenüber besteht er darauf: „Man muß fest bleiben, wenn es sich vielleicht um ein Gut handelt, das der Herr Ihnen anvertraut hat, und Sie haben nicht das Recht, es aus Ermattung oder Schwäche aufzugeben."

Diese Ratschläge bestärkten Madeleine, aber in der Gruppe leuchtete ihr Wert nicht allen ein. Manche kannten Veuillot nur wenig: Vielleicht hatte er sich von der Persönlichkeit Madeleines einnehmen lassen? Hatte er genügend Unterlagen, um zu urteilen? Sie machen sich dafür stark, daß nichts von dem laufenden Plan fallengelassen wird.

Abbé Lorenzo seinerseits ist beeindruckt von der Festigkeit, mit der Veuillot seine Ansichten vorbringt. Zweifellos ist er glücklich, daß eine Berufung anerkannt wird, an die er früher ebenso fest geglaubt und die er von Anfang an begleitet hatte. Nach und nach bietet er Madeleine wieder die Stütze, die er ihr eine Zeitlang entzogen hatte, aber am Fest der Erscheinung des Herrn 1958 stirbt er plötzlich in der U-Bahn.

Der Tod von Abbé Lorenzo, dem „Vater", wie Madeleine ihn nannte, ist für sie ein großer Schmerz. Er war es gewesen, der ihr die Worte des Evangeliums erschlossen hatte. Sie verliert einen Seelenführer, einen Freund, einen kostbaren Halt. Sein Tod beraubt die Gruppe eines unmittelbaren geistlichen Beistands, gerade als sie sich in einer Phase des Suchens, kurz vor einer endgültigen Entscheidung befindet. Die Versuchung ist groß, sich unverzüglich in ein Säkularinstitut zu flüchten, in eine schwesterliche Gemeinschaft, die bereit ist, sie großherzig aufzunehmen.

Getreu ihrer gewohnten Methode ersucht Madeleine Kardinal Feltin, den Erzbischof von Paris, um eine Audienz. Sie bittet um Rat für die laufenden Verhandlungen und erzählt ihm von den Kontakten mit Veuillot. Der Kardinal meint, sie solle sich an diesen wenden, weil die Angelegenheit ihm vertraut sei und die Gruppe ihn kenne. Wird er jedoch die Zeit haben, die Sache zu verfolgen, um behilflich zu sein, im rechten Augenblick die endgültige Entscheidung zu treffen? Sofort schreibt man ihm nach Rom, um seine Unterstützung zu erbitten. Veuillot nimmt mit einer Großmut an, für die ihm die ganze Gemeinschaft ewig dankbar ist. Er verspricht, seine Meinung zu äußern, sobald er Gelegenheit gehabt hat, mit jedem einzelnen Mitglied der Gruppe persönlichen Kontakt aufzunehmen und sich ein Gesamturteil zu bilden.

Das bedeutet für Madeleine das Ende der Wüstenwanderung. Bei der Beerdigung von Abbé Lorenzo ist die Kathedrale von Notre-Dame voller Menschen. Madeleine bleibt für sich allein in der Menge; sie durchlebt noch einmal, was sie von ihm empfangen hat:

Der Tod von Abbé Lorenzo ist für mich ein sehr fühlbarer persönlicher Schmerz. Ich habe ihn zwei oder drei Jahre nach meiner Bekehrung kennengelernt, und er war seit 30 Jahren mein Beichtvater. Er war eng vertraut mit meinen langjährigen Familiensorgen. Ich verdankte ihm viel von dem, was jetzt zu meinem Wesen gehört.

Während mehrerer Jahre, als ein Mißverständnis zwischen uns stand, dessen Ursachen ich nicht alle durchschauen konnte, war es mir möglich, das ganze Gewicht meiner Dankesschuld zu ermessen, als ich seine Herzlichkeit und den leichten Zugang zu ihm entbehren mußte. Auch in den Augenblicken größter Bestürzung bewahrte ich die Überzeugung, daß das ganze und reine Evangelium – das einzige, was Abbé Lorzenzo lehren wollte – genau das war, was mir not tat, sofern der Herr nicht durch die Tatsachen anders verfügte.

Indessen muß ich gestehen, daß ich keineswegs unempfindlich gegen die Wende in diesem Sommer war, die uns wieder zu einem guten Einvernehmen brachte. Und dann geschah am 31. Dezember in etwa das, was mit meinem leiblichen Vater vor seinem Todeskampf geschah: Abbé Lorenzo gab mir kleine Geschenke, eines fast mit einer Art von Zärtlichkeit ...
(14. Januar 1958)

Ich denke, daß das Samenkorn des Evangeliums, das Abbé Lorenzo uns gegeben hatte, durch seinen Tod gleichsam in die Erde gesenkt wurde. Dieses Samenkorn wird zu der winzigen oder großen Pflanze, wie Gott sie für sich haben will. Um aber zu seiner „Vollgestalt" in Christus zu gelangen, muß das Samenkorn jetzt zweifellos dem Eingreifen der Kirche durch den Kardinal überlassen werden. Wir müssen, von Msgr. Veuillot geleitet, in aller Aufrichtigkeit gefügig zu erkennen suchen, was Gott mit ihm vorhat, bereit sein, den Rat anzunehmen, der uns schließlich gegeben wird, als Ausdruck größter Liebe der Kirche zu dem Samenkorn und von ihm zur Kirche.

Es ist für niemanden ein Geheimnis, daß mich keinerlei Neigung und persönliche Beweggründe veranlaßt haben, auf die Säkularinstitute zuzugehen. Weniger denn je scheint mir diese persönliche Sicht irgendeine Gewißheit zu geben. Dennoch habe ich mich zum ersten Mal bei diesem Schritt in Frieden gefühlt, in Frieden auch angesichts des Ergebnisses, wie immer es ausfallen mag.

Wir müssen diese Gabe des Herrn in weit geöffneten und gereinigten Händen halten. (18. Februar 1958)

Mit Veuillots Eingreifen beginnt eine neue Phase im Leben der Gruppen. Er korrespondiert mit denen, die es wünschen, empfängt sie in Rom oder in Paris. Leicht ist es noch nicht, aber alles spielt sich im Vertrauen der wiedergefundenen Einheit ab.

Madeleines Gesundheit ist weiterhin geschwächt. Ihre Freunde flehen sie unaufhörlich an, sich zu schonen und auszuruhen. Seit sie die letzte Hand an das Manuskript „Christ in einer marxistischen Stadt" gelegt hat, ist sie gezwungen, das Zimmer zu hüten. Sie hat also Zeit zu schreiben. Gewisse Themen, die sie in ihrem Werk nicht anschneiden konnte, werden nun in einer Art Memoiren aufgegriffen, denen sie den Titel gibt: *Fortsetzung von „Christ in einer marxistischen Stadt"*. Und um sich zu entspannen, schreibt sie eine Geschichte: Es ist die Geschichte eines kleinen Hundes, der ständig verwechselt wird, weil er einem Schaf so ähnlich sieht. Dieses kleine Doppelwesen wird in viele komische oder dramatische Abenteuer verwickelt. Aber alles geht gut aus: Er entgeht dem Unglück und findet schließlich seinen Herrn wieder, den er lange Zeit aus den Augen verloren hatte und der sein ganzes Leben war. Auch wenn nur eine entfernte Ähnlichkeit zwischen den Abenteuern des „Nagneau“ und den Erlebnissen der Gruppe oder Madeleines besteht, gibt es doch Passagen, in denen Anklänge unverkennbar sind:

Wenn jemand wie mein Herr gern mit dir spricht, dann wiederholt das Herz tief im Innern die Worte, um ganz leise zu antworten. Durch das ständige Wiederholen in meinem Herzen habe ich etwas von seinen Worten gelernt. Von der Zeit an erwiesen mir die wenigen Leute, die zu uns auf Besuch kamen, ihre Hochachtung und sagten kopfschüttelnd, ohne auf mein hübsches Fell zu achten: „Dieser Hund ist ein kleiner Hund, der viel versteht.“ Und ich lachte heimlich: Wer viel verstand, das war mein Herr. Das Glück besteht ja nicht darin, gelehrt zu sein; es gibt so viele gelehrte Hunde, die unglücklich sind. Für mich lag das Glück einfach darin, den Menschen „Mein Herr“ nennen zu können, der mich „mein Hund“ nannte.[3]

Mitte 1958 bessert sich Madeleines Gesundheit wesentlich. Sie kann wieder einige Tätigkeiten aufnehmen, die sie in Ivry etwas vernachlässigt hat. Tatkräftig setzt sie sich für die Beendigung des Krieges in Algerien und das Recht des algerischen Volkes auf Unabhängigkeit ein. Ihr Hauptaugenmerk gilt allerdings der Gruppe: Sie möchte ihre Einheit wiederherstellen und müht sich, sie wieder „flottzumachen“.

Veuillot hat sich darangemacht, eine Beschreibung der Gruppe zu verfassen. Der Text wird von allen diskutiert; er bildet eine Art „Verfassung“ und macht sie alle überglücklich, weil er so genau trifft, was sie leben wollen. „Glauben Sie nicht“, schreibt

Madeleine an Veuillot, „glauben Sie nicht, daß es ‚reine Literatur' ist, was sie Ihnen gesagt haben."

Ich versichere Ihnen vor dem Herrn, daß sie das Leben, das Sie ihnen durch diesen Text im Namen der Kirche zurückgeben, gelebt haben und daß sie es leben. Ganz und gar und vollkommen? O nein! Es ist unmöglich, alles vollkommen zu leben. Und darin liegt ihre große, ihre immerwährende Armut. Wenn aber dieses Leben vor allem Liebe zum Herrn sein muß, so versichere ich Ihnen, daß sie den Herrn lieben. Von jeder einzelnen könnte ich Ihnen sagen, bis zu welchem Grad „diese Liebe selbstlos ist, in reiner Aufgabe des eigenen Ich". Jede auf verschiedene Weise, aber alle auf der gleichen entweder verwüsteten, verdunkelten oder undeutlichen Fährte: immer arm. Alle waren sozusagen gezwungen, treu zu sein, manche sogar durch eine Art Untreue ... Und wenn Sie wüßten, wie sehr jede von ihnen das Gegenteil von dem Leben führt, das sie sich gewählt hätte, wenn sie nicht vom Herrn berufen worden wäre! Keine in gleicher Weise! (28. April 1958)

Veuillot hat sich mit Kardinal Feltin in Verbindung gesetzt, der ihm seine Verantwortung für den geistlichen Beistand der Gruppe überträgt. Nach und nach kommt alles wieder in Ordnung, in eine Ordnung, die keine der Betroffenen sich vor ein paar Monaten hätte träumen lassen. Madeleine schreibt ihnen:

In mir herrscht die Gewißheit vor, daß wir in den Händen Gottes sind und von ihnen in der lebendigen und mütterlichen Liebe der Kirche gehalten werden. Ich sage Gewißheit, weil es als Ergebnis greifbarer, sichtbarer Tatsachen fast augenscheinlich ist. Auf diesen Beweis der überströmenden Güte Gottes darf es keinen Kleinglauben mehr geben! Ich versuche, unsere Dankbarkeit und mein äußerstes Verlangen, daß wir treu seien, durch großen Glauben und viel Hoffnung zu ergänzen. Das geradezu unglaubliche Verständnis von Msgr. Veuillot für alles, was uns oder das Unsere betrifft, zwingt uns in gutem Sinne, nicht bei seiner Person stehenzubleiben, sondern über ihn hinaus und durch ihn hindurch jene zu erreichen, die ihn uns für heute gibt: die Kirche; mehr noch: den, von dem die Kirche alles empfängt: den Herrn.

Msgr. Veuillot hat mir erklärt, warum er uns geholfen hat! Er hat mir gesagt, seine Arbeit verpflichte ihn dort zum Dienst an der Kirche, wo man sie in ihren weitesten Perspektiven, ihren umfassendsten Gesichtspunkten und ihren ernstesten Fragen sehe. So sei es für ihn eine Frage der Wahrhaftigkeit gewesen, dieses selbe Leben auch unter den winzigsten Erscheinungformen anzuerkennen und sich einiger Töchter anzunehmen, die ganz Gott angehören wollen, und ihnen zu helfen, sich von Gott läutern zu lassen. Er will, daß der Herr das bekommt, was er in uns wirken will.

Ich war auch außerordentlich ergriffen von einer Art unermeßlicher Ehrfurcht vor dem Willen Gottes für jede und alle von uns. Es ist völlig klar, worauf es ihm vor allem ankommt: daß jede – und folglich alle – unerschütterlich darauf bedacht und entschlossen ist, heute das zu werden, was sie durch ihre Berufung ist, und morgen zu sein, was diese Berufung morgen von uns verlangt. (1. September 1958)

Madeleine bringt ihre Dankbarkeit gegen Veuillot freimütig zum Ausdruck:

Als ich heute morgen Ihre Briefe erhielt, habe ich überdies entdeckt, wie viele Ereignisse, die mir so schwer erschienen waren oder die mich viel gekostet hatten, Gnadengeschenke des Herrn waren: Sie haben das vorbereitet, entstehen und sich entwickeln lassen, was er heute uns allen schenkt.

Meine letzte Dankesschuld besteht darin, die Komik – denn schließlich ist es lustig – meiner Auffassung von den Wegen Gottes zu verkosten! Ein für allemal: meine Dankbarkeit gilt nicht Ihnen: Es ist zu außergewöhnlich, als daß ich sie nicht unmittelbar zu Gott emporsteigen lasse: wenn sie Ihnen unterwegs begegnet, so ist das reiner Zufall.

In der Folgezeit werden Veuillot immer bedeutendere Aufgaben übertragen. Jedesmal fürchtet die Gruppe, er werde seine Verantwortung für sie nicht beibehalten können. Aber jedes Mal versichert er der „Familie“, wie auch er sagt, daß er ihr nahe bleiben werde. Als Bischof von Angers (seit Juli 1959), dann als Erzbischof von Paris und Kardinal bleibt er, bis zu seinem Tod, seinem Versprechen treu.[4]

DIE ABENTEUER VON ALCIDE

1957, während der düsteren Jahre, war Madeleine in einem Café einer Zigeunerin begegnet, die ihr um jeden Preis wahrsagen wollte. Madeleine selber pflegte gern aus der Hand zu lesen, nicht, um daraus die Zukunft zu erforschen, sondern um Neigungen und Charaktereigenschaften festzustellen. Aus Mattigkeit, aus Neugier gab Madeleine nach, und merkwürdigerweise spricht die Zigeunerin schnell und monoton, in einer Art aufmerksamer Komplizenschaft fast nur von der Vergangenheit.

„Du hast zwei Jahre lang Ungemach und Krankheiten gehabt. Du hast viel gelitten! Wie du gelitten hast! Du hast geweint, wenn du ganz allein warst, und du hast vor den anderen gelacht. Du hast in deinem Leben eine erste unglückliche Liebe gehabt. Warum verschenkst du alles, was du hast? Manchmal an Leute, die es verdienen, manchmal nicht. Du gibst alles her … Warum? Warum? Du bist einem Ausländer begegnet, er hat dir geholfen, das ist wichtig … In deinem Leben wird es einen Vertrag geben, der alles in Ordnung bringen wird. Das ist vorüber, es wird besser gehen.“

Die Zigeunerin schiebt Madeleine mit Gewalt einen „Talisman“ in die Hand: „Bewahre ihn gut auf, er wird das Unheil abwenden … Vor allem behalte ihn.“ Das ist ganz in Ordnung, wenn die Zigeunerin dafür Geld annehmen will.

Zu Hause angelangt, wirft Madeleine den Talisman in den Ofen. Sie fragt sich, wer wohl dieser „Ausländer“ sein mag. Sie denkt an Veuillot, der in Rom lebt, aber später entdeckt sie, daß der Abt von Bricquebec, der ihr sehr auf ihrem Weg geholfen hat, Schweizer ist. Und der Vertrag? Ist das nicht die Verantwortung für die Gruppe, die Veuillot übernommen hat und die das Vertrauen auf den weiteren Weg zurückgeben wird?

Ja, sie hat viel gelitten und „vor den anderen gelacht“. Wenn sie nicht oder nur sehr wenig über ihr eigenes Leiden sprach, so hatte sie gelernt, das Leid der anderen mitzutragen, sie zu verstehen, sie aufzurichten und ihnen zu helfen, die Abgründe zu durchschreiten.

Je weiter man geht, desto mehr weiß man, daß wir außer dem, was Gott uns gibt, selber nichts haben, was der Liebe entspricht, die wir geben wollen: eine zuvorkommende Liebe, eine größere Liebe. Vielleicht entdecken wir so das Leiden nicht nur als das Merkmal der Liebenden, sondern auch als ihre Sprache, das Leiden, an dem man leidet, das man aber darbringt: Indem ich dir, mein Herr, das darbringe, was ich verliere, sage ich dir, daß ich dich mehr liebe, weil du damit noch mehr alles bist, was ich liebe. (3. August 1961)

Wenn Madeleine auf den letzten Seiten von „Christ in einer marxistischen Stadt“ den Lebensgrund eines gottgeweihten Christen zeichnet, der dem ständigen Feuer des Atheismus ausgesetzt ist, dann beschreibt sie, was sie selbst gelebt hat oder leben wollte. Ihre Darlegung ist universell und will objektiv sein, aber hätte sie solche Worte finden können, wenn sie ihre Überzeugungen nicht aus ihren Schmerzen und Freuden geschöpft hätte?

Die Freude hat bei Madeleine in allen tragischen Ereignissen standgehalten, in den glücklichen Augenblicken bricht sie auf. In ihren jungen Jahren war ihre Freude gleichsam die andere Seite einer unaufhörlich sprudelnden Liebe zum Leben. Seit ihrem 20. Lebensjahr hat diese Liebe zum Leben sich im überwältigenden Glanz der Gottesbegegnung erneuert, in der Gewißheit, von der Liebe selbst geliebt zu sein. Diese beharrliche, gewollte Freude wurzelte „in dem Glauben, der Berge versetzt, in der Hoffnung, für die nichts unmöglich ist, in der Liebe, die die Welt entflammt".

Diese Gewißheit befreite sie von der Angst. Sie konnte durch Wüsten schreiten und Leid tragen, ohne zu verlieren, was sie den „unzerstörbaren Frieden" nannte. Ihre Freude, die Freude der Armen, der „kleinen Leute", die zu Gott ihre Zuflucht nehmen, zeigt sich in der Freiheit ihrer Haltung und ihrer Pläne, in ihrem ansteckenden Optimismus, in ihrer Art, die kleinen Freuden mit glücklichem Staunen anzunehmen und um sich her auszuteilen.

In den schlimmsten Zeiten, besonders in den schwierigen Augenblicken des Gemeinschaftslebens, versteht sie es, einer jeden mit viel Einfühlungsvermögen liebevoll nahe zu sein und Mut zu machen. Sie lacht oft und entschärft die dramatischsten Situationen. So entsteht Alcide, diese Phantasiegestalt, die wir schon kennengelernt haben. Madeleine legt ihm Worte in den Mund, um sich nach Herzenslust an den Mißgeschicken oder Irrtümern zu vergnügen, die man so leicht tragisch nehmen möchte, und um die Entgleisungen im Zusammenleben aufzuzeigen, ohne zu entmutigen. Sie schreibt:

Der kleine Mönch ist nicht eine Einzelgestalt, sondern die Verkörperung einer Vielzahl. Er vertritt jene in der Welt der einfachen Christen, die nicht danach streben, Heilige zu werden, wohl aber heilig werden möchten ...

Während sie andere an ihrer Seite sehen, die mit stolzem Schritt durchs Leben schreiten wie solche, die es kennen und denen man nichts weismachen kann, die mit einem Blick gesehen haben, was zu tun ist, warum und wie es gemacht wird, gehen sie dahin, die kleinen Leute, Schritt für Schritt, auch wenn sie es eilig haben, und müssen sich jederzeit vergewissern, so wie man auf dem Fahrplan oder einer Straßenkarte nachschaut, ob sie auf dem rechten Wege sind und trotz ihrer kleinen Schritte Gott mit großem Herzen zu lieben vermögen. Denn Gott ist groß, und ihn kleinlich lieben heißt ihn überhaupt nicht lieben.[5]

Die Gedanken von Alcide, anfangs flüchtig, wie es sich gerade traf, auf Papierfetzen gekritzelt, werden schließlich eine richtige Sammlung. Alcide ist tatsächlich oft Madeleine selbst, die sich im Hintergrund hält und herzhaft über sich selber lacht, während sie gleichzeitig die anderen ermahnt. Manche Züge von Alcide versteht man besser, wenn man sie auf Madeleine bezieht. Denkt sie nicht etwa an ihre häufigen Erkrankungen, wenn sie schreibt: „Die Krankheit, die dich erfaßt hat, macht aus deinen Mitbrüdern keine Krankenschwestern."[6]

Und wenn Alcide schreibt, als er sich eines Tages zum Clown berufen fühlte: „Ein Kloster ist kein Zirkus", ist das nicht eine Anspielung auf manche Gruppenabende voller Klamauk, die sie selber so gern inszenierte und mit ihren lustigen Einfällen belebte?

In Gedanken wie: „Sag nie etwas zu deinen Söhnen, was die Hochschätzung für einen ihrer Brüder vermindern könnte" (Als der kleine Mönch einmal sein Herz ausschütten wollte) oder „Stoß nicht an eine Wunde, die entzündet ist" (Als der kleine Mönch einmal besonders heftig war)[7], erkennt man gut Madeleines Verhalten und den Grund ihres unbesieglichen Schweigens. „Du bist zum Trösten da, nicht zum Getröstetwerden", sagt Alcide, als ihn ein unbestimmtes Gefühl überkam.[8] Trotzdem hatte Madeleine bei aller Tapferkeit auch nötig, getröstet zu werden, und sie nahm es an. Wer wird sagen können, wie sehr die Hilfe und die beständige schwesterliche Liebe der einen oder anderen aus der Gruppe sie im Lauf der dunklen Jahre getragen haben und ihr ermöglichten, einen solchen inneren Reichtum, eine solche Fülle zu erleben?

Für das Gebet gibt Alcide zahlreiche Ratschläge, um überall und immer zu beten. Er schlägt kleine Hilfsmittel vor: „Für einen, der Gott sucht wie Mose, kann eine Treppe der Sinai sein" (Auf jeder Treppenstufe).[9]

Es gibt auch andere Tricks, die Madeleine für sich behält. So pflegte sie zu Anfang einer Besprechung langsam eine Zigarette anzuzünden. Übrigens rauchte sie viel zu viel. Durch Zufall entdeckt ihre Umgebung, daß sie diesen kurzen Augenblick zu Sammlung und Gebet benutzte, die für diese Begegnung notwendig waren. Jeder muß seine eigenen Hilfen finden, denn man verliert die unaufhörliche Hinwendung zu Gott so leicht aus dem Auge. – „O Gott", schließt Alcide, „wenn du überall bist, wie kommt es dann, daß ich so oft anderswo bin?"[10]

Verheißungsvoller Neubeginn
1958 – 1962

Die Jahre 1955 bis 1958 waren sehr hart für Madeleine. Der Tod ihrer Eltern, die Krankheit, die sie nicht zur Ruhe kommen ließ, die Schicksalsschläge, welche die *Mission de France* zerrissen, die Auflehnung und der Abfall mancher Arbeiterpriester, die Mutlosigkeit vieler, die Unsicherheit und die Gefahr der Spaltung in ihrer eigenen Lebensgemeinschaft: alles schien sich zu verbünden, um ihren Mut zu brechen und ihre Schritte zu lähmen.

Wenn der Zweifel dennoch nicht die Oberhand über sie gewann, so deshalb, weil sie auf vielerlei Unterstützung rechnen konnte. Sie ist sich ihres Weges nun ganz sicher. Das Buch, das sie mit soviel Mühe geschrieben hat, macht seinen Weg. Es ist in der Kirche bis zu den Verantwortlichen gedrungen, für die sie es schreiben wollte. Ihr Zeugnis hat bei manchen von ihnen Gehör gefunden.

Sie wirft entschlossen „alles, was in den letzten Jahren Schwierigkeit oder Leiden gewesen ist, in den tiefen Abgrund der Vergangenheit“ und behält sich davon nur „die Gründe zurück, um Gott für alle Gnaden zu danken, die er unter einem Schleier von Leiden vorbereitet hatte“.

Ich bitte den Herrn aus allen Kräften, uns „neu“ zu machen mit jener „Neuheit“, die das Evangelium uns lehrt. Sie bricht in ihrer ganzen Wirklichkeit durch die Auferstehung auf, selbst wenn es immer auf Kosten unseres alten, zerstörten Lebens geschieht, dieses alten Lebens, das nicht ohne den Tod auskommen kann, nicht ohne unsere tausend Tode, um in Wahrheit es selbst zu sein. (21. Oktober 1958)

1958 kündigte sich durch eine Reihe glücklicher Ereignisse ein Neubeginn an. In Rom die Papstwahl von Johannes XXIII.; in Ivry die Neubesetzung der Pfarrei; für Madeleine eine wesentliche Besserung der Gesundheit.

Die Ankunft des Pfarrers Yvan Daniel in der Pfarrei im Stadtzentrum bedeutete eine radikale Umwälzung. Der neue Seelsorger fordert die Gläubigen auf, in ihrer Umgebung eine Welt im Umbruch zu sehen. Sie sollten versuchen, sie zu verstehen und tatkräftig an der Zukunftsgestaltung mitzuwirken. Zwischen der Rue Raspail und der Gruppe von Pfarrer Daniel entwickeln sich herzliche, segensreiche Beziehungen, die von allen sehr begrüßt werden.

Die Erhebung von Angelo Roncalli auf den Stuhl Petri ist von noch größerer Bedeutung. Madeleine nimmt lebhaften Anteil an allem, was die Weltkirche betrifft und was in Rom vor sich geht. Während des Konklaves ist sie in Lourdes, erlebt die Reaktion des Volkes und macht sich ein Vergnügen daraus, Veuillot davon zu berichten.

Mit dem Herzen war ich all diese Zeit hindurch ganz in Rom. Ich denke mir, Ihnen eine Abwechslung zu verschaffen, wenn ich Ihnen ein wenig erzähle, was ich auf der Reise erlebt habe.

In Lourdes habe ich mich darüber gewundert, daß die Pilger in keiner Weise vom Verlauf des Konklaves unterrichtet wurden. Glücklicherweise verfolgten es die Einheimischen mit Leidenschaft. Bei ihnen hatte ich Unterkunft und Verpflegung, und so war es leicht, die Wetten zu verfolgen! Montini war der große Favorit.

Eine Frau, die in Glaubenssachen nicht sehr beschlagen zu sein schien, meinte: „Kann sein, daß es der wird, der hier gewesen ist." Am Dienstag gehe ich um 17 Uhr in ein Kaffeegeschäft und verlange einen Filter. Aus dem Radio tönt ein schreckliches Stimmengewirr. Es ist der Petersplatz mit den Spekulationen über weißen oder schwarzen Rauch. Eine Reihe von Männern lehnt an der Theke. Namen werden genannt. Ablehnendes Schweigen der Zuhörer. Endlich die Bekanntgabe. Bei den Männern wohlwollender Beifall. Daraus schließe ich, daß Kardinal Roncalli in Lourdes gewesen sein muß. Eine Frau neben mir, eine Französin, fragt mich: „Wissen Sie, ob er ein Herz für die Armen hat?" Dann: „Gleich kommt mein Mann. Ich werde ihm sagen, daß er auch Johannes heißt wie er; das wird ihn freuen." (26. September 1958)

Der neue Papst ist in der Kirche von Frankreich kein Unbekannter. Nachdem er 1944 zum Apostolischen Nuntius in Paris ernannt worden war, hatte er zahlreiche Diözesen besucht und sich unaufhörlich um persönliche Kontakte bemüht. Seine „italienische" Diplomatie hat zuweilen Anstoß erregt, und seine Wahl stößt bei manchen auf Ablehnung, besonders bei den Arbeiterpriestern, die sich von ihm weder verstanden noch vor den Anschuldigungen, die in Rom gegen sie vorgebracht wurden, in Schutz genommen fühlten.

Madeleine weiß das sehr wohl, aber ihr Glaube hilft ihr, diese Empfindlichkeit zu überwinden; sie nimmt denjenigen, der an diesem Tag der Kirche als neuer Papst gegeben wurde, von ganzem Herzen an. Sie begeistert sich an seinen Aufrufen zur Güte und an der ihm eigenen Gabe, den Kleinen und Armen nahe zu sein. Madeleine kommt zum Schluß, daß sie und „alle Kämpfer jeder Schattierung", besonders die Missionare, die Güte, von der das Evangelium spricht, neu entdecken müssen.

Im Juni 1959 wird Veuillot zum Bischof von Angers ernannt. Sofort nach Bekanntgabe der Ernennung beruhigt er die Gemeinschaft von Ivry: Er werde sie auch weiterhin betreuen, „wenn sie damit einverstanden ist". Die Gruppen sind glücklich, ihn nun in größerer Nähe zu wissen und jederzeit auf seinen Rat und seine Unterstützung rechnen zu können.

VORTRAGSTÄTIGKEIT

Immer häufiger wird Madeleine gebeten, auch in anderen Städten über ihr Leben in Ivry zu sprechen. Seit dem Erscheinen von „Christ in einer marxistischen Stadt" konnte sie kaum dem Interesse nachkommen, das ihre Analysen in der Kirche von Frankreich geweckt hatten. Zu oft hielt die Krankheit sie in ihrem Zimmer fest, und die Sorgen mit der Gruppe und das immer rege Leben in ihrem Haus nahmen all ihre Kräfte in Anspruch. Sobald sie sich besser fühlt, übernimmt sie mehr Verpflichtungen.

Sie paßt ihre Vorträge den verschiedenen Zuhörerkreisen an: Studenten, Mitglieder der Katholischen Aktion, Seminaristen, Ordensleute oder Priester. In Paris, Toulon, Marseille, Toulouse und Lyon legt Madeleine leidenschaftlich dar, was es für einen Christen bedeutet, in einer kommunistischen Umgebung zu leben. Sie betont, daß ihr Glaube durch diese Kontakte nicht, wie oft befürchtet, verkümmere, sondern Gelegenheit finde, bewußter und lebendiger zu werden. Nach ihrer Erfahrung schöpfe der Glaube seine Kraft aus der Liebe, und in der Liebe finde er seine Identität: in einer immer intensiveren Liebe zu Gott und zu allen Menschen.

Der Herr und die Kirche werden niemals aufhören, von uns vor allem und ohne Unterlaß, vor allen anderen Geboten, vor allem, was man uns raten oder nahelegen mag, dies zu verlangen: daß wir die beiden Gebote der Liebe verwirklichen, der Liebe des Evangeliums. Gebote, deren zweites dem ersten ähnlich ist, Gebote, die immer die beiden Hauptgebote sein werden: „Du sollst lieben ..." Wir bleiben frei, den Willen des Herrn anzunehmen oder nicht. Und wir wissen auch, daß im Willen des Herrn eines nie zur Debatte steht: Wir sollen den Herrn lieben. Wir können ihn nicht lieben, wenn wir nicht jeden einzelnen Menschen, dem wir begegnen, wie uns selbst lieben (dies ist das Mindeste!). Wir können nicht die Menschen mit einer Liebe lieben, die uns daran hindert, den Herrn zu lieben.

Dies ist etwas so Großes, so Absolutes, so Unbestreitbares, es ist so eindeutig das Grundgesetz unseres Lebens, daß alles übrige zweitrangig wird; ganz zwangsläufig werden alle anderen Fragen nebensächlich.

Dann gibt es da noch, geradezu an diese beiden Gebote „festgeklebt", das Gebot Jesu Christi: das Gebot, das für uns das oberste Gesetz all derer ist, die an ihn glauben, das Gebot, das uns ganz genau sagt, was wir in Christus mit jedem Menschen, der an ihn glaubt, mit jedem Glied der Kirche sein sollen: „Liebt einander, wie ich euch geliebt habe."

Den Kommunisten gegenüber, die wir kennen, heißt das: Jean, Jacques, Pierre sind Kommunisten, aber sie sind Menschen, und deshalb sind sie deine Nächsten. Mag sein, daß du manche Dinge mit ihnen gemeinsam unternehmen kannst und andere nicht, doch dies ist sicher: Du mußt sie lieben, mindestens so wie dich selbst. Sei für sie die lebendige Verwirklichung der Bergpredigt, tu an ihnen, was in dem Gleichnis beschrieben ist: „Ich war nackt ..."

Doch diese Liebe darf dich nie dazu führen, etwas zu tun, was dich oder die anderen daran hindert, Gott zu lieben und alle Menschen zu lieben.

Aber ebenso darf diese Liebe uns niemals daran hindern, jeden Christen, ob wir ihn kennen oder nicht, so zu lieben, wie Christus uns geliebt hat.

DIES IST KLAR, ES IST UNBESTREITBAR KLAR.[1]

Im Juli 1959 wird Madeleine aufgefordert, über dieses Thema auf einer Tagung des Ökumenischen Rates der Kirchen, die in Bossey/Schweiz stattfindet, zu sprechen. Sie ist als katholische Beobachterin eingeladen. Zum ersten Mal arbeitet sie mit Vertretern verschiedener christlicher Konfessionen zusammen: mit Protestanten, Anglikanern und Orthodoxen. Etwa 50 Nationalitäten sind vertreten. Im Verlauf der zehntägigen Sitzung bittet man sie, außer dem vorgesehenen Vortrag in improvisierter Form über das Gebet und über ihr Gemeinschaftsleben zu sprechen. Als sie zurückkehrt, hat sie eine ganze Schar neuer Freunde gewonnen, und „strömt über von Dankbarkeit für unsere Mutter, die *eine* Kirche".

Wie groß auch die Schwierigkeiten, Überraschungen und Vorbehalte sein mochten, die in Bossey auf mich zukamen, so haben sie mir doch alle auf außerordentlich lichtvolle Weise klargemacht, was ich im Leben der Kirche fast übersehen hatte: das Mysterium ihrer Einheit. So kam ich dazu, mich diesem Geheimnis, dieser lebendigen Tatsache, mit allem Wirklichkeitssinn zu stellen.

Ich habe immer in gehorsamer und lebendiger Verbindung mit der einen Kirche handeln können. Daß ich mich in einer Situation befand, die von Gegensätzen, Ähnlichkeiten und auch Elementen echter Einheit geprägt war, hat mich nicht gelähmt ... Daher das Bedürfnis zu erklären, warum mir widerstrebte, Einheit zu nennen, was keine ist ... Daher aber auch die gebieterische Pflicht, sich zusammen dem Gehorsam gegen die beiden Liebesgebote und den sie erläuternden Weisungen auszuliefern, diesem Willen des lebendigen, liebenden Gottes, den wir, die einen wie die anderen, der Welt verkünden sollen.

VERBOT DER ARBEITERPRIESTER

Die tiefe Liebe Madeleines zur Kirche wird Ende 1959 ein weiteres Mal auf eine Bewährungsprobe gestellt. Seit dem Verbot aus dem Jahre 1953 hatte die Präsenz von Christen im Arbeitermilieu auf anderen Wegen neuen Auftrieb erhalten. Einige Priester hatten die Erlaubnis bekommen, in einem ganz genau abgesteckten Rahmen Teilzeitarbeit zu verrichten. Diese Experimente waren nicht ohne Kontroversen und Fehler verlaufen. Besorgt bat Papst Johannes XXIII. Kardinal Feltin um einen Bericht über das Apostolat in der Arbeiterwelt.

Man erhoffte sich eine mögliche Wiederzulassung der Arbeiterpriester. Tatsächlich aber fordert das Schreiben des Heiligen Offiziums, das am 3. Juli 1959 in Paris eintrifft, die völlige Einstellung der Fabrikarbeit von Priestern: „Der Heilige Stuhl ist der Auffassung, daß die Arbeit in einer Fabrik oder in einer Werft unvereinbar ist mit dem Leben und den Aufgaben des Priesters." Die zunächst geheimgehaltene Stellungnahme Roms wird am 15. September in der Tageszeitung *Le Monde* veröffentlicht.

Für die *Mission* und ihr Apostolat unter den Arbeitern ist es ein harter Schlag. Madeleine hat in diesen Kreisen viele Freunde, Gläubige wie Nichtglaubende. Zu gut kennt sie ihr Mißtrauen gegenüber allem, was es an Institutionen und Strukturen in der Kirche gibt; sie weiß, daß sie diese erneute Beschränkung als einen schweren Irrtum empfinden. Madeleine leidet darunter, daß viele Menschen keinen Zugang zur Botschaft des Evangeliums bekommen werden, wenn es in ihrer Umgebung keine Präsenz von Christen mehr gibt. Noch tiefer beunruhigt sie das Leid jener, die sehen, daß ihre Lebensform und ihre Berufung, unter die Arbeiter zu gehen, verboten wird.

In dem Dokument des Heiligen Offiziums, so schreibt sie, „erkennen wir weder das Leben der Priester unter den Arbeitern noch die Beweggründe ihrer Lebensform, noch die Bedürfnisse des Apostolats, aus denen sie erwachsen ist". Beharrlich sucht sie danach, wie man ohne Resignation das leben kann, was von vielen als „Todesurteil" empfunden wird. Sie ist bemüht, den Ursachen der jüngsten Ereignisse nachzugehen, und sucht nach Wegen der Hoffnung, die offen bleiben.

Nicht umsonst ist das altbekannte Bild vom Schiff ein Symbol für die Kirche. Ich bin davon überzeugt, daß sein Stampfen und Rütteln dazugehört, um voranzukommen. Wir sind nicht in der Lage, seine Schnelligkeit zu bestimmen, denn wir sind da wie Leute vom Lande, wenn Seemänner in ihrer Sprache miteinander reden.

Für Madeleine wäre es der schwerwiegendste Fehler, sich der Entmutigung auszuliefern. „Die Zusagen Gottes geraten nicht ins Wanken durch inkonsequente Handlungen, Unzulänglichkeiten, Uneinsichtigkeiten und praktische Härten", die man erfahren haben kann. Am schlimmsten erscheinen ihr „die Verzweiflung und der Verlust der Hoffnung angesichts dessen, was man nicht hat vermeiden können; denn was man nicht hat vermeiden können, wird von dem Moment an das Beste, was man mit all der Liebe, die Gott uns schenkt, machen kann und machen muß".

Sie schließt sich der Haltung ihres Freundes, Pater Jacques Loew, an, der mutig nach neuen Formen der Präsenz im Arbeitermilieu sucht und ein originelles Experiment des Apostolats ins Leben ruft: die Arbeitermission St. Peter und Paul, wo Priester und Laien gemeinsam an demselben Ziel arbeiten, mit den Möglichkeiten, die jeder hat.

Madeleine könnte in ihrer Treue zur Kirche fast wie eine Konformistin erscheinen, was genau das Gegenteil von ihr selbst wäre. Gewiß leidet sie darunter, daß sie von manchen ihrer Freunde mißverstanden wird; aber sie empfindet zu sehr ihre Zerrissenheit, um sich von ihnen zu entfernen.

Ich glaube, daß die Verfügbarkeit des einzelnen für den Willen Gottes für jeden anderen ein Geheimnis ist ...

Madeleine hat Freunde in den verschiedenen Bereichen des Apostolats. Sie steht zu ihnen in freundschaftlicher Verbundenheit und müht sich, sie trotz aller Schwierigkeiten zu bewegen, einander zu verstehen und sich gegenseitig zu akzeptieren.

EIN NEIN ZU CHRUSCHTSCHOW

Madeleine besaß ein tiefes Mißtrauen gegenüber Ideologien. Wenn es um ihren Glauben ging, war sie unnachgiebig; den Menschen gegenüber aber mühte sie sich stets um eine freundschaftliche Haltung. Nach diesen Grundsätzen handelte sie auch, als sie ihrem Freund Venise Gosnat eine Unterschrift verweigerte.

Chruschtschow war von General de Gaulle nach Frankreich eingeladen worden. Das Bürgermeisteramt von Ivry hatte beschlossen, an den Stadtmauern Plakate als Willkommensgruß aufzuhängen. Viele Persönlichkeiten wurden gebeten, dieses Manifest zu unterzeichnen. Chruschtschow ist der Mann einer relativen Liberalisierung des sowjetischen Regimes. Das wird auch von Madeleine anerkannt, aber sie selbst möchte dieses Manifest nicht unterzeichnen. Sie möchte, wie sie in einem langen Brief an Venise Gosnat darlegt, sich nicht vorbehaltlos mit denen solidarisieren, die Gott leugnen und Ursache mannigfachen Leids für die Christen sind.

Oft fließt aus Madeleines Feder ein Loblied auf die ewige Jugend der Kirche. Jenseits alles Augenscheinlichen ist das Antlitz der Kirche für sie „ein Antlitz ohne Falten“: „Es sind unser Mangel an Hoffnung für diese Zeit wie unser Mangel an Hoffnung für die Ewigkeit, die ihr Antlitz entstellen.“

Madeleine weiß sehr wohl, daß die Nichtglaubenden, die Atheisten, die Kirche anklagen, sie hänge zu sehr am Überkommenen, sei marode und autoritär. Sie hat ebenso Klagen gehört von Leuten, die im Apostolat tätig sind, über die römische und französische Schwerfälligkeit. Auch sie selbst hat darunter gelitten. Aber das berührt nicht im geringsten ihren Glauben an die tiefe Wirklichkeit, die sich hinter diesem unvollkommenen Äußeren verbirgt. Sie glaubt an die Kraft des Geistes, der wieder aufrichtet und neu belebt, was zerstört oder durch die Fehler der Christen entstellt worden ist. Deshalb löst die Ankündigung des Zweiten Vatikanums in ihr eine enorme Freude aus.

Kurz nach seinem Amtsantritt hat Papst Johannes XXIII. seinen Wunsch zum Ausdruck gebracht, ein Ökumenisches Konzil einzuberufen, und er bringt alles zügig voran. Vom Mai 1959 an werden zur Festlegung des Programmablaufs die Bischöfe der ganzen Welt konsultiert. Ein Jahr darauf ruft Johannes XXIII. zehn Vorbereitungskommissionen ins Leben, mit dem Auftrag, Schemata auszuarbeiten, die dem kommenden Konzil vorgelegt werden sollen. An Weihnachten 1961 entsendet der Heilige Vater die Einladungsschreiben für den Oktober des nächsten Jahres. Die anderen Religionen, die getrennten Christen und die Nichtglaubenden werden eingeladen, Beobachter zum Konzil zu entsenden. Es wird ein neues Ökumenisches Konzil sein – das erste seit fast 100 Jahren, seit dem Ersten Vatikanum (1869/70).

Madeleine nimmt den Geist des Konzils mit Begeisterung auf. Sie lebt in der Innerlichkeit des Gebets für die Anliegen dieses großen Ereignisses der Geschichte, die ihre „Geschichte“ ist wie die aller Christen und die die Jugend der Kirche, an die sie glaubt, gegenwärtig und sichtbar werden läßt.

Ganz bewußt möchte sie an diesem Ereignis Anteil nehmen. Passivität, diese Haltung ist ihr fremd; deshalb ist sie voll Freude, als Bischof Glorieux, der Sekretär des Päpstlichen Rats für das Laienapostolat, sie ersucht, an vorbereitenden Arbeiten des Konzils mitzuwirken. Sein Wunsch wäre es, daß sie ein „Zeugnis“ gibt vom Leben und der Arbeit ihrer kleinen Gemeinschaft. Aber sie möchte über andere Dinge sprechen. Mit dem Einverständnis von Glorieux erarbeitet sie Gedanken über die Beziehungen zwischen dem Zeitgeist und dem Glauben, über das Zeitliche und das Ewige:

Ist der Glaube nicht der zeitliche Einsatz des ewigen Lebens? Muß er nicht für jeden von uns „vergehen“, wenn unsere Zeit auf Erden endet? Besteht unser Irrtum in unserem irdischen Engagement nicht eher darin, daß wir zu wenig in das Zeitliche eingetaucht sind, als darin, daß wir zu irdisch wären?

Um aus unserem Glauben in unserer Zeit zu leben, in unserer Welt, heute, hier; um unsere Berufung des Glauben, „für etwas Gutes“ dazusein, verwirklichen zu können in dieser Welt und in dieser Zeit, sind wir gezwungen, unser christliches Leben mit all dem in Einklang zu bringen, was derzeit beschleunigt, momenthaft, unmittelbar ist.

Wir sind nicht gezwungen, etwas anderes zu glauben, sondern anders zu leben; nicht, den Glauben an diese bis zum Exzeß bewegte Zeit anzupassen, sondern uns selber umzustellen, damit wir in dieser Bewegung den Willen Gottes sehen, wählen und tun. Wir müssen lernen, uns und die Lebensumstände rasch an den Glauben anzupassen ...

Nun sind wir aber nicht darauf vorbereitet, dies „rasch“ zu vollziehen ...

Ein Jahr später, im Juli 1962, wird sie erneut aufgefordert, an den Vorbereitungsarbeiten für das Konzil teilzunehmen, diesmal durch den Erzbischof von Tananarive, Sartre. Er übersendet ihr einen Fragenkatalog zum Thema Atheismus im Volksmilieu. Madeleine macht sich an die Arbeit. Sie schreibt von neuem über Themen, über die sie seit vielen Jahren nachgedacht hat und entwickelt dabei ihre Gedanken über den Ursprung und den Ernst der gegenwärtigen Formen des Atheismus. Sie betont: Wer die Frohe Botschaft verkündet, muß glaubwürdig sein, was sein eigenes Leben betrifft. Er muß gleichzeitig die Sprache derer sprechen, an die er sich wendet, und die Sprache Jesu Christi; diese Sprache Christi ist wesentlich die Sprache des Herzens: „Das Evangelium wird nicht wahrhaftig verkündigt, wenn die Christen, die es verkünden, sich nicht mit all ihren Kräften einsetzen, ein gutes Herz zu haben."

Das Apostolat besteht ihrer Auffassung nach vor allem darin: das große Wort des Herrn „Du sollst lieben ..." neu zu entdecken und mit Leben zu füllen, indem man um Christi willen auf die anderen zugeht, in denen er selbst lebendig ist.

Reisen

1960 – 1963

Verbunden mit der ganzen Welt, hat Madeleine im begrenzten Raum ihrer Umgebung von Ivry die Ausbreitung des Evangeliums gelebt. Sie glaubt, daß sie auch mit Menschen, die in der Ferne leben, in einer inneren Verbindung der Liebe steht, wenn sie ihre Nächsten „hier und jetzt" konkret liebt. Sie weiß, daß sich der Einsatz und der Geist der Solidarität eines einzelnen auf die Entwicklung der großen Menschheitsfamilie auswirken können. Auf der Ebene des Glaubens, auf der sie steht, ist diese Wirkung, dieser Widerhall noch unvergleichlich größer: Sie ist sicher, daß jeder Akt der Liebe, der vom Glauben getragen ist, die Welt verändert und rettet.

Ihr Arbeitstisch ist mit einer Weltkarte bedeckt, die von einer einfachen Plastikfolie überzogen ist; da liegt auch ein Stadtplan von Rom und ein weiterer von Moskau. Das symbolisiert konkret ihr unermüdliches Hin- und Hergehen zwischen denen, die an die Liebe Gottes glauben, und jenen, die sie ablehnen. Madeleine hatte bei ihrer Arbeit immer die ganze Welt vor Augen. Diese Welt sieht sie nicht, aber sie sieht die Welt – nicht mit der Logik der Vernunft, sondern mit dem „Unverstand des Herzens". Sie gehört zu den Christen, die teilhaben an der Liebe Gottes zu jedem Menschen und die sich unaufhörlich im Namen jedes einzelnen und aller an Gott wenden. Die „grenzenlosen" Dimensionen einer solchen Liebe erstrecken sich auf die Entferntesten, aber sie steigern auch die Fähigkeit, den Nächsten noch viel näher zu sein. Madeleine wollte alle Menschen lieben, „ohne sich bestimmte auszuwählen", und sie wollte jeden einzelnen so lieben, als wäre ihre Wahl gerade auf ihn gefallen.

> Ich glaube, wenn man vor Gott „am toten Punkt" ist,
> dann bringt er uns in die Mitte des Lebens der Welt,
> all dessen, was ist und lebt, aller Menschen ...
> Mit der grenzenlosen Liebe Christi,
> der sich für uns bis zum Äußersten hingegeben hat,
> lieben wir unsere Nächsten mit einer Liebe,
> die wir ihnen niemals hätten schenken können.

Madeleine hatte diese Fähigkeit, die den kontemplativen Menschen aller Zeiten eigen ist, in Verbindung mit der ganzen Welt zu leben, ohne sich auch nur einige Meter von ihrem Haus, von ihrem Viertel oder ihrer Stadt zu entfernen. Dennoch erfährt sie eine große Freude, wenn sie die Gelegenheit hat, in direkten Kontakt mit denen zu treten, die in ihrem Herzen lebendig sind. Sie bittet nicht um Begegnungen, aber sie nimmt die Einladungen dazu mit Freude an. Wenn jemand aus einer ihr fremden Umgebung an ihrer Haustür klingelt, ist das für sie ein Fest und eine Einladung, noch mehr zu lieben.

Anfang der sechziger Jahre – in den letzten Jahren ihres irdischen Lebens – geht Madeleine per Flugzeug oder mit dem Schiff auf Reisen, um Einladungen nachzukommen, die sie aus Polen und bald darauf aus Afrika erreichen. Es waren Polen, die von dieser Christin gehört hatten, die offen ihre Zugehörigkeit zur Kirche lebt und gleichzeitig mit den Kommunisten ihrer Stadt zusammenarbeitet und Beziehungen der Freundschaft und gegenseitigen Verständnisses mit ihnen pflegt: Das ließ sie aufhorchen.

Zunächst ist da die unerwartete Ankunft von Krystyna am Morgen des 1. Januar 1960 zu erwähnen. Die ganze Nacht durch hat man das Neue Jahr gefeiert. Die letzten Freunde sind am frühen Morgen heimgegangen und haben das Haus in völliger

Unordnung zurückgelassen. Der Empfang ist gezeichnet von Müdigkeit und einer verschämten Herzlichkeit … Und dennoch beginnt so eine außergewöhnliche Freundschaft. In Krystyna sieht Madeleine das christliche Polen unter marxistischem Einfluß, die Welt des Kommunismus, die so stark das Leben ihrer Stadt beherrscht. Zögernd und mit ausländischem Akzent sagt Krystyna: „Ich bin Polin, ich möchte mit Ihnen sprechen." – „Gut, kommen Sie gegen Mittag; wir werden zusammen essen."

Dann kommt ein Ehepaar, Andrzey und Joanna Munk; er versteht, aber spricht kein Französisch, sie spricht es mit Mühe. Beide waren Marxisten, sie war erst vor kurzem zum christlichen Glauben konvertiert. Sie sprechen über den Glauben, die Kirche und ihre politischen Überzeugungen … Man hat ihnen gesagt: „Besucht Frau Delbrêl!"

Diese Begegnung ist für alle Beteiligten unvergeßlich geblieben. Sogleich hat Madeleine Zuneigung zu diesen beiden gefaßt. Einfachheit und Tragik prägen sie. Andrzey Munk, ein bekannter Filmproduzent, ist nur für drei Tage in Paris, und er hat zahlreiche Termine. Aber die Unterhaltung wird länger als geplant, und seine Termine verstreichen. Sie bleiben lange da; die Sprachbarriere ist überwunden, denn sie verstehen einander spontan. Am nächsten Tag sehen sie sich in Paris wieder und noch einmal in Ivry. Als sie schließlich auseinandergehen, ist es, als sei es ein Abschied für immer.

Ende des Jahres 1961 kommt Andrzey bei einem Autounfall ums Leben, und Madeleine faßt den Entschluß, nach Polen zu reisen: „Du mußt kommen, Joanna braucht dich." Madeleine weiß anfangs nicht, wie sie eine solche Reise angesichts ihrer zahlreichen Verpflichtungen unternehmen kann, aber dann fallen alle Bedenken beiseite. Ihre Gesundheit ist nach wie vor schwach, sie fürchtet sich vor der Kälte, das Visum läßt lange auf sich warten, und sie kann die Reise erst im Dezember antreten, obwohl sie schon im Oktober hatte fahren wollen. Aber all dies erscheint ihr zweitrangig, denn für sie geht es um einen Akt der Liebe.

Ich weiß nicht mehr, warum ich diese Reise unternehme. Ich bin ganz einfach sicher, daß ich gehen muß, um Brüder zu treffen und sie zu lieben, nicht aus anderen Gründen, nur aus diesem Anliegen heraus. Nichts in der Welt kann die Liebe besiegen; sie ist gleichsam wie ein fester Boden, auf dem die Füße Halt finden. Sie ist meine einzige Sicherheit, aber eine absolute Sicherheit.

Madeleine wünschte natürlich über bestimmte Aspekte des Lebens in Polen informiert zu werden: besondere Kennzeichen dieser Volksrepublik, die Beziehungen zwischen der Kirche und der Regierung, einem gläubigen Volk und dem Kommunismus. Auf ihrer Reise wandelt sich ihr Mitleid in Bewunderung für die Opfer, die das polnische Volk gebracht hat, für die Antworten des Lebens, die sie dem Schmerz und dem Tod gegeben haben, für den Aufbruch neuen Lebens, das aus dem Kampf hervorgeht. Für Madeleine sind ihre polnischen Freunde gleichsam lebende Antworten auf das Geheimnis des Lebens und des Todes. Sie schreibt: „Heute braucht es Menschen, die sowohl den Sinn für das Leben als auch den Sinn für den Tod bewahrt haben." Die Polen sind solche Leute.

Kurz nach ihrer Rückkehr wartet eine weitere Reise auf sie: der Besuch einer ihrer Gruppen, die sich auf Abreise an die Elfenbeinküste befinden.

DIE „ENTDECKUNG" AFRIKAS

Während des ganzen Jahres 1961 hatte die Gruppe an dem Plan einer Abreise nach Afrika gearbeitet. Um sich Klarheit zu verschaffen über diese neue Welt, in die einige von ihnen ziehen wollen, haben sie eine Reihe von Priestern und Laien um Rat gebeten, die Erfahrungen mit Afrika hatten. Alle sind glücklich über die Erweiterung des Horizonts, die dieser Aufbruch mit sich bringt. Das Ereignis jedoch bedeutete große Veränderungen in der Organisation der Gruppen und natürlich auch schmerzliche Trennungen. Dabei fällt es dem feinfühligen Herzen Madeleines schwer, ruhig zu bleiben.

Die beiden ersten, die aufbrechen, haben im November 1961 das Flugzeug nach Abidjan genommen. Sie sind gerade angekommen, da sendet ihnen Madeleine den ersten Brief – Auftakt eines langen Briefwechsels, der nun folgt.

Madeleine möchte das Leben der kleinen Gruppe aus der Nähe kennenlernen, und so reist sie im darauffolgenden Frühjahr für einige Tage nach Abidjan/Elfenbeinküste. Da sie dringend Erholung braucht, fährt sie mit dem Schiff, um die zwölftägige Überfahrt zum Ausruhen zu nutzen. Bei den Zwischenaufenthalten begegnet sie Völkern, die sie bislang nur flüchtig kannte. In Lissabon, Madeira, Dakar und Conakry ist sie von dem nie enden wollenden Elend der armen Menschen zutiefst bewegt.

Inständig bitte ich den Herrn um das rechte Verständnis des Wortes „Ihr alle seid Brüder ..." Ich bin sicher, damit die Gefühle zum Ausdruck zu bringen, die uns bewegen und die ich an vielen Orten habe. Man muß sich in das Geheimnis der Schöpfung, in die Schöpfung vertiefen. Es ist die natürliche Geschwisterlichkeit, die durch das Erlösungswerk veredelt werden muß.

Während ihres kurzen Aufenthalts in Abidjan sind es die persönlichen Begegnungen unter immer neuen Umständen, die sie zutiefst bewegen. Die Gruppe öffnet jeden Abend einen Raum, wo die Schüler des Viertels zusammenkommen, um zu arbeiten.

Es ist das erste Mal, daß ich Gelegenheit habe, in die Augen der Afrikaner zu blicken. Ich weiß nicht, welcher Dichter einmal gesagt hat, daß „die Augen die Fenster der Seele sind". Dieses Wort bewahrheitet sich hier voll und ganz. Es sind Fenster, die verschlossen bleiben oder sich öffnen, je nachdem, ob man sich selbst öffnet oder die Fenster seiner Seele oder seines Herzens verschließt.

Wenn man nicht dieses feinfühlige Öffnen der Augen, die einen anblicken, gesehen hat, kann man – so glaube ich – nicht wissen, welche Tiefe das Wort „Vertrauen" haben kann. Dann fehlt ein wunderbares Zeichen für die Art und Weise, wie wir auf Gott schauen müßten.

Das Wort „Ihr alle seid Brüder ..." trifft sie ganz neu:

Es drängt sich auf, nicht wie eine düstere Offenbarung, sondern wie eine Wahrheit, die mich durchfährt wie ein leuchtender Blitz ... Es läßt nicht nur die Formen einer Liebe in den Schatten versinken, die bloße Illusionen sind, weil sie etwas anderes sind als geschwisterliche Liebe, sondern auch jene Liebe, die „den Nächsten wie einen Bruder liebt" und nicht „den Bruder, der mein Nächster ist".

Zurück in Ivry, spricht Madeleine begeistert darüber, wie die „helle Offenbarung" der Geschwisterlichkeit aller Menschen ihre Reise erleuchtet hat. Doch das, was sie tief beeindruckt hat, scheint für ihre Zuhörer nichts Neues zu sein. „Ich habe mich bemüht, über die Wichtigkeit des Herzens zu sprechen", sagt sie verwundert, „aber das war schon allen bekannt."

Ihre Afrikareise war für Madeleine ein großes Ereignis; sie spricht darüber wie von einem inneren Abenteuer, das sie zur

Umkehr ruft. „Ich entdecke neu das Wort Christi: ‚Lernt von mir, denn ich bin sanft und demütig von Herzen.'" Mit dem Eifer einer Konvertitin kommt sie immer wieder auf dieses ABC zurück. Für sie ist es eine Goldgrube, und sie gräbt darin, als hätte sie vorher rein gar nichts gefunden.

Ich glaube, daß unter uns das Erste Gebot und in gleicher Weise das Zweite Gebot in Vergessenheit geraten sind. Wir wissen, daß wir den Herrn aus allen Kräften und mit allen Gedanken lieben sollen. Wir wissen es, und wir wollen es mit unserem ganzen Willen. Aber wir wissen viel weniger – zweifellos, weil wir es vergessen haben –, daß wir den Herrn auch mit unserem ganzen Herzen lieben sollen.

Weil wir es nicht mehr wissen, lassen wir unser Herz „arbeitslos", als ob es nichts mit der Liebe zu Gott zu tun hätte, als ob es etwas ganz anderes wäre ... Infolgedessen lieben wir den Nächsten mit einer Liebe, die wenig aus dem Herzen kommt. Die Güte ist für uns oft etwas, das dem Herzen fremd ist: Wir sehen, was für unseren Nächsten gut ist, wir bemühen uns, entsprechend zu handeln, aber das geschieht zu wenig mit dem Herzen, unsere Handlungen sind keine „Früchte des Herzens". Die Liebe verfügt in uns nur über einen Teil der Energie, die dem Menschen eigen ist, über das, was das eigentlich Menschliche im geschaffenen Menschen ausmacht: unser Herz. (12. Juli 1962)

Hier rühren wir an Madeleines Geheimnis. Sie hat sich immer die Frage gestellt, was es heißt zu lieben, und hatte den Eindruck, nie genug zu lieben. Mit ganzem Herzen lieben – damit trifft sie das hervorstechendste Merkmal der christlichen Spiritualität unserer Zeit. Aber die Eigenheit der Mystik Madeleine Delbrêls – man braucht sich nicht zu scheuen, dieses Wort im reinen und ursprünglichen Sinn der christlichen Tradition aufzugreifen – besteht darin, daß die Liebe, wie sie von jeher von den Heiligen gelebt wurde, beispielsweise von Therese von Lisieux mit ihrer

Ausstrahlungskraft auf unser Jahrhundert, von Madeleine in gewisser Weise hineingenommen wird in das Leben der Welt. Das Herz Christi, mit dem sie ihr eigenes Herz zu vereinen sucht, schlägt für alle, es reicht von einem Nächsten zum anderen, von Kontinent zu Kontinent.

„DAS KOMMEN UND GEHEN IN UNSEREM HAUS“

Während der Jahre 1959/60, in denen Madeleine viel auf kleineren und größeren Reisen war, pulsiert das Leben im Haus an der Rue Raspail, und Madeleine hat mehr denn je teil daran. Auf ihrer Reise nach Abidjan hat sie neu entdeckt, wie wichtig das Leben des Herzens ist; sie hat das eine Bekehrung genannt. Wer sie kennt, sieht darin vor allem das Ergebnis eines langen Weges, auf den sie sich im Alter von 30 Jahren begeben hat, eines Weges, der aufs engste verknüpft ist mit der Geschichte der vielen Freunde, der vielen Schwestern und Brüder, die sie in ihrem Haus immer wieder besucht haben.

Die Gruppe in Ivry erwartet jedesmal mit Freude und auch mit Neugier Madeleines Rückkehr, denn normalerweise bringt sie eine Menge Ideen mit, neue Verbindungen und Initiativen. Dann findet sie das vor, was sie als „das Kommen und Gehen in unserem Haus“ bezeichnet und auch einen Niederschlag in ihrer Korrespondenz findet.

Gewiß kann man nicht das Leben anderer teilen, wenn man nicht viel Leid mitträgt. Madeleine dramatisiert die Ereignisse nicht, ihr geht es darum, dazusein, um Schmerzen zu lindern und Wunden zu versorgen. Sie lebt in der Hingabe für die anderen, und Madeleine mißtraut einer geschwisterlichen Liebe, die „aus den anderen Gelegenheiten macht, sie zu leben“. Sie möchte sich den anderen schenken, ohne etwas zurückzuerwarten, ohne von Menschen, die einen brauchen, Besitz zu ergreifen. Und wenn in ihr das Gefühl aufkommt, sie habe ihre Zeit verloren, ihre Kräfte verbraucht, vergeblich gehofft, was unweigerlich eintritt, dann ist für sie der Mißerfolg nicht das letzte Wort der Geschichte.

Für den, der Werkzeug Gottes ist, können alle Aufgaben wie ein Mißerfolg aussehen; die Arbeit, die diese Aufgaben mit sich bringen, ist nicht zum Scheitern verurteilt, denn es ist das Werk Gottes: Vor Gott gibt es keinen Mißerfolg. Aber es hängt von uns ab, daß unsere Arbeit nicht mißlingt: Das ist das Kreuz, das uns gegeben ist, um unseren Teil zum Erlösungswerk Christi beizutragen.

1964

Madeleine hat ihre Gesundheit, die sie Ende 1958 wiedergewonnen hatte, nicht zu schonen gewußt. Ihre Tage gleichen nur zu oft einem schwierigen Puzzle im Hin und Her zwischen dringender Korrespondenz, der Vorbereitung von Zusammenkünften und Vorträgen, ihrem Einsatz in der Stadt Ivry, ihren Reisen und ihrer Teilnahme am Leben der Gemeinschaft, das sie am meisten in Anspruch nimmt. Oft ist sie so erschöpft, daß sie für einen oder mehrere Tage jegliche Aktivität einstellen muß. Im letzten dreiviertel Jahr vor ihrem Tod ist sie weder kränker noch gesünder als gewöhnlich. Immer wieder ist sie gefordert, und sie ist bemüht, verfügbar zu sein. Ob es sich um eine Aktion für den Frieden handelt, um ein Referendum, das von General de Gaulle vorgeschlagen wird, oder um Diskussionen über die verschiedenen Ideologien, in Ivry gibt es eine Vielzahl von Begegnungen zwischen Christen und Kommunisten. Madeleine und ihre Gefährtinnen sind aktiv daran beteiligt.

Die Friedensbewegung *Pax Christi*, an der Madeleine stets regen Anteil genommen hat, hat in ihrer Stadt nur eine begrenzte Anhängerschaft, weil die Kommunistische Partei sehr stark ist. Durch diese Bewegung möchten engagierte Christen auf die Notwendigkeit der Abrüstung aufmerksam machen und andere für die Friedensarbeit gewinnen, die für diese Sache aufgeschlossen sind, aber nicht Gefahr laufen wollen, früher oder später der marxistischen Ideologie zu dienen. Im Einvernehmen mit Mitgliedern der Bewegung, die katholischen Ursprungs ist, nimmt sie an zahlreichen Podiumsgesprächen teil. Da es aufgrund gegenseitigen Mißtrauens oft schwierig ist, offizielle Begegnungen zwischen den Anhängern der verschiedenen Überzeugungen zu organisieren, finden häufig Begegnungen mit privatem Charakter in der Rue Raspail statt. Es sind Diskussionen, in denen man sich nichts schenkt, denn Madeleine ist unerbittlich, wenn es um die Ehre Gottes und ihre Zugehörigkeit und Liebe zur Kirche geht, aber sie ist genauso unerbittlich, wenn die Menschenwürde und die persönliche Liebe, die sie zu jedem einzelnen hat, betroffen sind.

In ihrem Haus in der Rue Raspail, das bereits so voller Leben ist, ist ein alter Freund wieder aufgetaucht: Fredo. Er war Arbeiter, übrigens ein ganz hervorragender, Zirkusclown und Stadtstreicher und nimmt zum xten Mal an einer Entziehungskur teil. Er schickt einen Hilferuf an jene Frau, die er seine Mutter nennt. Sie fährt zu ihm in die Provinz, sie schreibt ihm fast täglich, um ihm zu helfen „durchzuhalten“; sie empfängt ihn in Ivry, wo seine Anwesenheit Szenen hervorruft, die nicht der Komik entbehren. Die Gruppe wendet sich jedesmal an Herrn Durand, der immer bereit ist, alles zu machen, was in seinen Kräften steht.

Ende September sind über 30 Personen im Haus, um an einem „wissenschaftlichen Symposium“ teilzunehmen. Es ist für die Gemeinschaft und ihre Freunde organisiert worden, um Antworten zu finden auf die Fragen nach den „Ursprüngen des Lebens“. Ein junger Schweizer Physiker hält sie alle in Atem, zwei Tage lang.

Wie konnte Madeleine an all den Begegnungen teilnehmen, bei denen ihre Anwesenheit erwünscht war? Obwohl sie sich gezwungen sieht, dieses oder jenes Gespräch, diesen oder jenen Termin abzusagen, ist sie dennoch bemüht, niemanden zu verletzen, und sie macht sich manchmal selber Vorwürfe, wenn sie jemandem eine – unvermeidliche – Absage erteilen mußte.

Zweifellos hatte sie die Lektion in der Schule der Liebe gelernt, denn einige Monate später steht sie vor dem Tod, vor den Pforten der unendlichen Liebe. Sie erwartete diesen Tag, ohne sich einer Selbsttäuschung hinzugeben, mit einem großen Vertrauen.

Da ich nun älter werde, weine ich nicht über mein „armes Leben", sondern ich sehe, daß „mein armer Tod" kommt; er weist mich jeden Tag vor allem auf die Fülle der Barmherzigkeit Gottes hin und zeigt mir, an welchem Punkt ich auf dem Heimweg zu ihm bin: Nicht nur existentiell, sondern auch in praktischer Hinsicht bin ich ein „unnützer Knecht". Ich liebe diesen Frieden! (25. März 1960)

Sie zögert, für die katholische Zeitschrift *Pax Romana* über ein Thema zu schreiben, das ihr besonders am Herzen liegt: „Dialog mit den Marxisten". Die Ausgabe, an der sie mitarbeiten soll, scheint ihr übertriebene Vorurteile gegenüber den Marxisten zu enthalten; der Dialog mit ihnen wird offenbar von vornherein als Irrweg angeprangert. Ihre Zurückhaltung bringt sie gegenüber der Redaktion in folgender Weise zum Ausdruck:

Je weiter ich gehe, desto mehr glaube ich und bin davon überzeugt, daß die kleinen und großen „Schubladen" uns nicht den Blick öffnen für die Frage Christi: „Wer ist mein Nächster?" Sie vernebeln die Konsequenzen seiner Antwort.

Jeder Mensch, ob Kommunist oder Kapitalist, Buddhist oder Muslim, ist als Geschöpf Gottes zunächst – und vor allem anderen – unser Bruder. Diese Tatsache muß unsere Haltung ihm gegenüber bestimmen. Nichts darf uns verleiten zu leugnen, daß der Mensch ein Geschöpf Gottes ist. An diesen Menschen müssen wir uns wenden, ganz gleich, welchen irrigen Meinungen oder falschen Wegen er anhängt. Sein Herz bleibt das Herz eines Menschen, an den sich Christus wenden und zu dem er durch uns sprechen will. (1964)

Madeleines Antwort veranlaßt die Redaktion, die Anfrage aufrechtzuhalten und sie zu bitten, sie möge ihre Gedanken präzisieren und entwickeln; aber der Artikel ist nicht mehr erschienen. Der Tod ließ ihr keine Zeit mehr zum Schreiben.

Zwischen Juli und September 1964 fordern mehrere wichtige Angelegenheiten ihre ganze Aufmerksamkeit; sie erledigt sie mit der ihr eigenen Genauigkeit und dem für sie typischen Engagement.

Tief bewegt ist sie von der Anfrage dreier kontemplativ lebender Dominikanerinnen, die sich seit Jahren nach einem klösterlichen Leben in einem Arbeiterviertel bei Paris sehnen. Man muß ihnen helfen, diesen Wunsch zu verwirklichen, und zahlreiche Schritte müssen unternommen werden, um bei den kirchlichen Verantwortlichen für ihre Sache einzutreten.

Madeleine hat sich auch für den Bau eines Fertighäuschens im Garten des Hauses Rue Raspail eingesetzt, wo die alte und blinde Mutter von Louise, die zur Gruppe gehört, einziehen und wohnen soll. Die finanziellen Mittel sind wie immer beschränkt, und der Spielraum ist eng, um die notwendigen Genehmigungen von seiten der Eigentümerin und der Baubehörde zu bekommen, die aber beide einverstanden sind. Die alte Dame, die vorläufig in dem Haus Rue Raspail untergebracht ist, zu überzeugen und ihre Ängste zu verjagen, das ist keineswegs einfach …

Außerdem ist die Abreise einer Gruppe nach Algerien im Gespräch, wo Francette, die sich mit anderen Freundinnen zusammengeschlossen hat, bereits seit mehreren Monaten als Krankenschwester arbeitet.

Madeleine war in ihrer Empfindsamkeit immer berührt, bisweilen überwältigt, wenn andere starben. Sie hat sehr unter dem Tod lieber Menschen gelitten; sie ist voller Mitleid gegenüber den Menschen, denen Verwandte oder der Lebensgefährte von der Seite gerissen werden. Im Alter von 17 Jahren war für sie der Tod das Schrecklichste, was sie sich denken konnte. Auch in der Reife ihrer Jahre hat sich nichts geändert an diesem immer wieder neuen Schmerz, obwohl die Hoffnung die Gewaltsamkeit ihrer Empfindungen lindert. Den unüberwindlichen Widerwillen beim Gedanken an den Tod erklärte sie einmal so:

Ich muß wohl die Taufe nur unvollständig empfangen haben ... Aber sieht man, wie entrüstet Jesus jedesmal reagierte, wenn er dem Tod begegnete, wundert es einen weniger, daß der Tod unserer Schwachheit solche Überraschungen bereitet. Er durchdringt wirklich alle Fasern des Fleisches und des Geistes. Der Tod ist wahrlich die menschliche Prüfung schlechthin.
(20. Juni 1959)

Während des Jahres 1964 hält der Tod in ihrer Umgebung reiche Ernte. Jedesmal zeigen sich dabei bei ihr die gleichen Gefühle. Im Mai ist es der plötzliche, einsame Tod des lieben Jacquot, der sie erschüttert. Madeleine will auf keinen Fall, daß er anonym beerdigt wird, wie das für die Mittellosen üblich ist. So wird er auf dem Friedhof von Ivry neben ihrer Mutter beigesetzt. Der Name „Jacques Delcroix“ steht nun neben „Lucile Delbrêl“ ... Dann im Juli der Tod von Maurice Thorez. Sie kannte ihn nicht persönlich, aber sie weiß, daß sein Hinscheiden für ihre kommunistischen Freunde ein tiefer Schmerz ist.

Schließlich ein schwerer Schlag für Pater Loew und die Gruppen der Arbeitermission St. Peter und Paul: Einer von ihnen wird in Brasilien auf dem Heimweg von der Fabrik von einem Lastwagen überfahren und tödlich verletzt. Madeleine schreibt einen langen Brief an Jacques Loew, der ebenfalls in Brasilien weilt, in dem sie ihre Anteilnahme bekundet und ihm aufzeigt, daß sich auch im Tod die Wege des Herrn kundtun.

Anfang Oktober hat Madeleine fast all ihre Arbeiten beendet. Sie ist selbst erstaunt über diese Erfahrung eines „toten Punktes", daß sie mit allem fertig geworden ist, wie sie es selten erlebt hat. Etwas scherzhaft sagt sie ihren Gefährtinnen:

So wenig ich mir stets gewünscht habe, eine Zeitlang fortzugehen, so wenig wäre ich jetzt darüber beunruhigt ... Ich kann die Gemeinschaft verlassen; sie wird zurechtkommen. Alle sprechen von Erneuerung. Ich breche auf, um mich zu erneuern ...

Sie möchte sich auf jeden Fall ein wenig ausruhen, denn sie ist wie so oft sehr erschöpft. Aber das ist ja bei ihr nichts Ungewöhnliches ...

Am Spätnachmittag des 13. Oktober finden ihre Gefährtinnen sie leblos in ihrem Arbeitszimmer. Sie ist an einem Schlaganfall gestorben. Ihre Gefährtinnen haben den Eindruck, daß sie ihren Tod in gewisser Weise vorher angekündigt hat. Einige Zeit zuvor hat Madeleine Texte geschrieben, die ihre Gefährtinnen als eine Art Testament betrachten: im April einen Brief, in dem sie von neuem die Grundzüge der Gemeinschaft beschrieben hat; später, im September, den Text für einen Vortrag, den sie vor Schülerinnen gehalten hat. Diese hatten sie gebeten, über ihre geistliche Erfahrung in Ivry zu sprechen. Madeleine äußert dort Gedanken über ihr Leben, von denen sie nie zuvor gesprochen hatte. Am 6. Oktober sollte sie während einer Zusammenkunft der Gruppe ein Jahresprogramm aufstellen.

Nachdem ich lange gezögert habe, lege ich euch kein Jahresprogramm vor. Als vernunftbegabte Lebewesen laufen wir immer Gefahr, daraus ein Schulprogramm zu machen ... Und weil wir oft Sünder sind, machen wir daraus ein Theaterprogramm. Ich ersetze deshalb das Wort Programm durch ein Wort, das ich auch wenig liebe: Resolution, Entschließungen für das Leben dieses Jahres, eine Art Leitfaden – im kleinen Rahmen – für Leute auf dem Weg, ein Führer durch das Jahr.

Einige Zeit zuvor schrieb sie an die Gruppe von Pater Loew in Toulouse:

Man hat ein schönes Stück Weg zurückzulegen, soweit es in den eigenen Kräften liegt, um Christus zu „erfahren"; er überholt uns immer wieder. Glücklicherweise braucht man die geistlichen Lungen nicht; uns wird fortwährend der „Atem" geschenkt, den man braucht. (1964)

Der Lebensweg Madeleines ist zu Ende. Sie ist in jenen Bruch der Zeit eingetreten, in der diese in die Ewigkeit aufgeht; es ist das Licht der Ewigkeit, das sie vorher im Dunkel des Glaubens, in den „Augenblicken der Zeit" gelebt hat.

Eines Tages,
Bevor es Tage gab,
Warf der Stern sein Licht
Durch alles hindurch
Uns zu.
Uns allen, die wir nicht existierten,
Uns, die Gott fürs Leben bereitete,
Irgendwo, man weiß nicht wo.
Das Licht kommt heute an,
Es berührt uns am Ende dieses Tages,
Am Abend dieser Nacht, deren Schatten es sprengt.
Und wir kennen nicht mehr unser Alter,
Denn wir wissen nicht mehr, was das ist: die Zeit.
(1964)

Anmerkungen

Zur Einführung

1 Deutsche Übersetzungen *(Originaltitel in Klammern):*
– Christ in einer marxistischen Stadt, Frankfurt 1974 *(Ville marxiste, terre de mission)*
– Gebet in einem weltlichen Leben, Einsiedeln 1974 *(La joie de croire)*
– Wir Nachbarn der Kommunisten. Diagnosen, Einsiedeln 1975 *(Nous autres, gens de la rue)*
– Frei für Gott. Über Laien-Gemeinschaften in der Welt, Einsiedeln 1976 *(Communautés selon l'Evangile)*
– Der kleine Mönch. Ein geistliches Notizbüchlein, Freiburg [10]1995 *(Alcide)*
– Leben gegen den Strom. Anstöße einer konsequenten Christin, Freiburg 1992 *(Indivisible amour).*

Die ersten Jahre (1904 – 1933)

1 Madeleine Delbrêl, Wir Nachbarn der Kommunisten, S. 263.
2 Dr. Armaingaud hat viel dazu beigetragen, eine wichtige kritische Ausgabe der Essays von Montaigne zu überarbeiten, indem er dazu ein von Montaigne selbst mit Anmerkungen versehenes Exemplar heranzog.
3 Madeleine Delbrêl, Wir Nachbarn der Kommunisten, S. 263.
4 Ebd., S. 42 ff.

Ivry, eine kommunistische Stadt (1933 – 1939)

1 Christ in einer marxistischen Stadt, S. 143ff.
2 Wir Nachbarn der Kommunisten, S. 49.
3 Ebd., S. 52.
4 Ebd., S. 52f.

Leben in Gemeinschaft (1945 – 1952)

1 Der kleine Mönch, S. 63.
2 Ebd., S. 34
3 Wir Nachbarn der Kommunisten, S. 68.
4 Ebd., S. 88.

Treue zur Kirche (1952)

1 Wir Nachbarn der Kommunisten, S. 75f.
2 Ebd., S. 98.
3 Ebd., S. 111.
4 Vgl. ebd., S. 112f.

Inmitten von Prüfungen (1952 – 1957)

1 La Croix, 3. März 1953.
2 Venise Gosnat, 40 Jahre lang stellvertretender Bürgermeister von Ivry, dann Ehrenbürgermeister der Gemeinde, war 1945/46 Madeleines Vorgesetzter. Er ist der Vater von Georges Gosnat, dem späteren Abgeordneten von Val de Marne und Schatzmeister der Kommunistischen Partei.

Bestätigung einer Berufung (1954 – 1958)

1 Die Säkularinstitute sind kirchlich anerkannte Vereinigungen sowohl von Klerikern wie von Laien, deren Mitglieder zur Erreichung der christlichen Vollkommenheit und um des Apostolats willen ein Leben nach den Evangelischen Räten führen.
2 Dom Marie-Joseph Marquis, Abt von Bricquebec, gestorben 1980.
3 Aus der unveröffentlichten Erzählung *La Nagneau*.
4 Im Verlauf des Konzils hat sich vieles geändert. Für die christlichen Laien war es eine Ermutigung, die Wege der Freiheit und Verantwortung zu gehen. In der Pastoralkonstitution *Gaudium et Spes* werden sie ausdrücklich zur Eigenverantwortung aufgerufen (43,2).
Durch die Autorität Veuillots in der Eigenart ihrer Berufung bestärkt, wird den Gruppen klar, daß sie ihre volle Verantwortung in fester Verbindung mit ihren Bischöfen selbständig wahrnehmen müssen. Des-

halb suchen sie keinen Priester als ständigen Leiter für ihre Gruppe, sie wollen das Leben und die Entscheidungen ihrer Gemeinschaft selber in die Hand nehmen. Wie bisher wählen sie aus ihren Reihen Verantwortliche, welche für die Einheit und den Zusammenhalt Sorge tragen. Dabei stützen sie sich freilich auch auf den Rat und die Hilfe ihnen bekannter Priester.

5 Der kleine Mönch, S. 10f.
6 Ebd., S. 44.
7 Ebd., S. 45.
8 Ebd., S. 43.
9 Ebd., S. 70.
10 Ebd., S. 70.

Verheißungsvoller Neubeginn (1958 – 1962)

1 Nous autres, gens des rues, Paris 1966, S. 178f (eigene Übersetzung)

Inhalt

In der gleichen Reihe sind erschienen:

Renzo Allegri
Mutter Teresa
Ein Leben für die Ärmsten der Armen
160 Seiten, gebunden, mit 7 Fotos, ISBN 3-87996-300-2

Persönliche Gespräche mit der Friedensnobelpreisträgerin und detaillierte Recherchen des Autors geben Einblick in den Lebensweg und das Herz der vielleicht bekanntesten Frau unseres Jahrhunderts.

Renzo Allegri
Johannes XXIII.
„Papst kann jeder werden. Der beste Beweis bin ich." Ein Lebensbild
220 Seiten, gebunden, mit 10 Fotos, ISBN 3-87996-329-0

Ein faszinierendes Porträt des einfachen Bauernsohns Angelo Roncalli, der als Papst mit Güte, Humor und Weisheit die Fenster der Kirche öffnete.

Waltraud Herbstrith
Edith Stein
Jüdin und Christin
140 Seiten, gebunden, mit 14 Fotos, ISBN 3-87996-338-X

Eine sorgfältig dokumentierte Biographie von einer der besten Edith-Stein-Kennerinnen, die auf fesselnde Weise die Stationen des bewegten Lebens der Philosophin und Karmelitin bis zu ihrer Ermordung in Auschwitz-Birkenau nachzeichnet.

VERLAG NEUE STADT MÜNCHEN - ZÜRICH - WIEN